2022年度广东省基础教育教研基地（江门）项目

共生教研

青年教师成长路径
研究与探索

谭晶志 / 著

湖南大学出版社
·长沙·

图书在版编目（CIP）数据

共生教研：青年教师成长路径研究与探索／谭晶志

著. -- 长沙：湖南大学出版社，2025.5. -- ISBN 978-

7-5667-4074-8

Ⅰ．G451.2

中国国家版本馆 CIP 数据核字第 2025G0G307 号

共生教研：青年教师成长路径研究与探索

GONGSHENG JIAOYAN：QINGNIAN JIAOSHI CHENGZHANG LUJING YANJIU YU TANSUO

著　　者：谭晶志				
责任编辑：刘雨晴				
印　　装：长沙创峰印务有限公司				
开　　本：710 mm×1000 mm　1/16		印　　张：10	字　　数：129 千字	
版　　次：2025 年 5 月第 1 版		印　　次：2025 年 5 月第 1 次印刷		
书　　号：ISBN 978-7-5667-4074-8				
定　　价：48.00 元				

出 版 人：李文邦

出版发行：湖南大学出版社

社　　址：湖南·长沙·岳麓山　　　　邮　　编：410082

电　　话：0731-88822559（营销部），88649149（编辑室），88821006（出版部）

传　　真：0731-88822264（总编室）

网　　址：http://press.hnu.edu.cn

序

　　新时代教育改革的思潮给教育领域带来了前所未有的挑战与机遇。一方面，新兴教育理念的关注点是培养学生的创新思维、批判性思维和解决实际问题的能力，以学生为中心、注重实践与探索的教学成为主流模式。同时，教育技术也为课堂带来了革命性的变化，数字化教学、在线教育、人工智能辅助教学等新型教学手段逐渐出现，这种转变极大地丰富了教学内容和形式。另一方面，课堂教学的创新与教育研究密不可分。教育管理部门及各学校也积极探寻教研创新的路径，具体措施包括深化教师培训的内涵，强化问题意识与结果导向，加强对教育教学质量的监督与评估，推广成功的教学案例，以及鼓励校际、地区间的交流与合作，等等。这些举措构建了一个更为深入、有效、互动的学习环境，促进了教师教育水平的深度发展。

近年来，梳理地区教学经验的成果不断涌现。本书的作者是一位在基础美术教育领域深耕多年的教研员，她不仅拥有丰富的一线教学经验，还对美术教育有着深刻的理解和独到的学术见解。通过多年的教学实践与研究，作者总结出了许多行之有效的教学方法和策略，在本书中，作者将这些宝贵的教学经验和研究成果进行了系统的梳理和总结，旨在为广大美术教育工作者提供一份全面、实用的教研参考，共同推动基础美术教育事业的繁荣发展。

本书的不仅提出了"共生教研"的教育观点，更重要的是通过生动的案例分析和深入的理论探讨，展现了"共生教研"在实际教学中的应用和成效。这一观点强调教师之间、教师与科研之间以及教师与教育资源之间的紧密合作与互动。书中详细阐述了如何通过"共生教研"提升青年教师的教学水平、青年教师如何融入共生教研，以及青年教师如何适应"三新"改革的行动指南，为实现高质量的基础美术教育提供了有力的支持。此外，本书还强调了青年教师在"三新"改革浪潮中扮演着不可或缺的角色。他们不仅是改革的实践者、理念的传播者和创新的推动者，更是教育改革成功的关键，进一步凸显了青年教师对于推动美术教育事业发展的深远意义。

华南师范大学美术学院 华年

目 录

第一章

"三新"教育改革背景下的共生教研

一、"三新"教育改革概述

随着时代的发展，教育理念经历了从传统到现代的演变，而"三新"教育的提出正是这一演变过程中的重要里程碑。"三新"即新课程标准、新教学方法或新技术和新评价体系。"三新"教育理念的核心价值在于培养学生的创新精神、融合能力与未来视野。在创新方面，"三新"教育不再局限于传统的知识传授，而是鼓励学生发展批判性思维和解决问题的能力。根据国际学生评估项目（PISA）的报告，创新教育能够显著提高学生的数学、科学和阅读能力。在融合能力的培养上，跨学科课程的整合成为关键，它通过打破学科壁垒，促进学生在不同领域间的知识迁移和应用。斯坦福大学的 d. school 通过设计思维课程，成功地将艺术、工程和商业等不同学科融合在一起，培养学生的综合解决问题能力。至于未来视野，"三新"教育的目标是让学生为未来社会做好准备，这不仅包括对未来技术的适应，还包括对全球化、环境可持续性等长远问题的深刻理解。

在"三新"教育改革浪潮中，课程标准和课程内容的创新与更新是推动教育革新的核心动力。随着科技的飞速发展和知识经济时代的到来，传统的课程体系已无法满足现代社会对人才的需求，教育内容必须与时俱进，不断更新以适应未来劳动市场的需求。课程标准和课程内容的创新不仅体现在知识的更新上，更体现在跨学科的整合与实践上。通过打破传统学科壁垒，跨学科课程能够促进学生全面发展，培养其解决复杂问题的能力。在实践中，跨学科课程的整合不仅需要教育者之间的协作，还需要学校管理层的支持和相应的课程设计。根据学者研究，跨学科课程能够提高学生的批判性思维和问题解决能力，其效果在学生的学习成绩和就业准备上都有显著体现。因此，跨学科课程的整合与实践是"三新"教育改革中不可或缺的一环，它不仅丰富了教育内容，也为学生提供了更加贴近现实世界的学习体验。

在"三新"教育改革浪潮中，以学生为中心的教学模式成为推动教育创新与融合的关键。这种模式强调学生的主动参与和个性化学习，旨在培养学生的批判性思维、解决问题的能力以及终身学习的习惯。美国斯坦福大学的"自主学习"项目，通过让学生自主选择学习内容和进度，有效提升了学生的参与度和学习成效。此外，以学生为中心的教学模式还鼓励教师采用项目式学习（PBL）、合作学习等多样化的教学方法，使学生在实践中学习，从而更好地适应未来社会的需求。

随着"三新"教育改革浪潮的推进，技术辅助教学的推广已成为教育创新的重要组成部分。技术的融入不仅改变了传统的教学模式，也对教师和学生提出了新的要求。根据美国国际教育技术协会（ISTE）的报告，2019年美国有超过50%的K-12学校采用了1∶1设备计划，即每个学生都配备一台平板电脑或笔记本电脑，这显著提升了个性化学习的可能性。然而，技术的普及也带来了挑战，如数字鸿沟问题，即不同社会经济背景的学生在获取和使用技术资源方面存在差异。此外，教师在技术应用方面的专业发展和持续支持也是推广技术辅助教学的关键。

在"三新"教育改革浪潮中，多元化评价方法的引入是教育评价体系革新的重要组成部分。传统的教育评价往往侧重于标准化考试成绩，而"三新"教育倡导的评价方法则强调对学生综合素质的全面考量。美国教育心理学家霍华德·加德纳的多元智能理论，为多元化的教育评价提供了理论基础，该理论认为人类智能是多元化的，包括语言、逻辑、空间、运动、音乐、人际、内省和自然等八种智能。因此，评价方法也应涵盖这些智能领域，以更全面地评估学生的能力和潜力。在实践中，多元化评价方法的实施需要结合具体案例进行。例如，某学校在实施"三新"教育改革时，引入了项目式学习评价体系，学生在完成项目的过程中，其创造力、团队协作能力、问题解决能力等非传统学习能力得到了评价。通过这种方式，学生不仅在知识掌握方面得到评价，更在能力发展方面得到认可。据该学校统计，实施多元化评价后，学生的综合能力提升了20%，表明多元化评价方法在促进学生全面发展方面具有显著效果。但是，多元化评价方法的推广也面临挑战，如评价标准的统一性、评价过程的公正性以及评价结果的可比性等问题。对此，教育部门和学校需要建立相应的评价模型和标准，确保评价的科学性和有效性。引用爱因斯坦的名言："不是所有可以计算的东西都重要，也不是所有重要的东西都可以被计算。"多元化评价体系应注重评价的全面性和深度，而不仅仅是数字和分数。通过科学的评价方法，学校能够更好地理解学生，促进其个性化发展，为未来社会培养出更多具有创新精神和实践能力的人才。

在"三新"教育改革浪潮中，教育资源的优化配置是实现教育公平与质量提升的关键。以数据驱动的决策模型为例，通过收集和分析学生的学习数据、教师的教学效果以及学校的资源配置情况，可以更精准地识别教育需求和资源缺口。某地区通过引入智能教育平台，对区域内学校进行资源评估，发现城乡之间在师资力量和教学设施上存在显著差异。根据这一发现，教育部门采取了针对性措施，如实施城乡教师交流计划、提升农村学校的硬件设施，从而缩小了教育资源的差距。在"三新"教育改革浪潮中，促进教育公平成为政策制定与实施的核心议题。根据联合国教科文组织的数据，全球范围内，每 100 名小学适龄儿童中，仍有约 59 名无法完成基础教育。这一数字凸显了教育不平等的严峻性。为应对这一挑战，各国政府纷纷出台政策，如中国实施的"两免一补"政策，即免除农村义务教育阶段学生的教科书费、学杂费，并补助寄宿生生活费，有效提升了农村及贫困地区的教育普及率。美国的《每个学生成功法案》(ESSA)强调了个性化学习路径和公平的教育机会，旨在通过定制化的教育方案来满足不同学生的需求。

在"三新"教育改革浪潮中，美术教育也迎来了新的发展契机与挑战。创新教育在美术领域体现为鼓励学生突破传统的绘画技巧与表现形式，培养独特的艺术视角和创新的创作思维。例如，一些学校引入当代艺术的理念与手法，引导学生运用综合材料进行创作，激发学生的创造力。融合教育促使美术与其他学科紧密相连，如在 STEAM 教育中，美术与科学、技术、工程和数学相互渗透。学生在设计环保建筑模型时，不仅要运用工程学和数学知识构建结构，还需通过美术设计使其兼具美观性与功能性，这有助于培养学生综合运用知识解决问题的能力。未来展望要求美术教育关注社会发展趋势，如数字艺术、虚拟现实(VR)艺术等新兴领域，学生需要掌握相关技术，以适应未来艺术创作与欣赏的需求。

在课程内容方面，美术课程不断更新与拓展。除了传统的绘画、雕塑等内容，新增了数字绘画、摄影后期处理、装置艺术等现代艺术形式的教学。同时，跨学科整合也体现在美术与历史、文化、地理等学科的融合中。在学习不同地域的美术文化时，结合当地的历史、地理背景，让学生深入理解艺术作品产生的根源。以敦煌壁画为例，学生在欣赏壁画艺术的同时，了解其所处的历史时期、宗教文化以及地理环境，能更全面地把握艺术作品的内涵。

以学生为中心的教学模式在美术教学中得到广泛应用。教师鼓励学生自主选择创作主题，根据自己的兴趣和特长进行艺术创作。在项目式学习中，学生围绕一个特定的艺术项目展开研究与创作，如策划一场校园艺术展览。从作品的创作、展览的布置到宣传推广，学生全程参与，在实践中提升艺术创作能力、团队协作能力和问题解决能力。技术辅助教学也为美术教育带来了新的活力。借助数字绘画软件、3D 建模工具等，学生能够尝试更多元化的创作方式，突破传统工具的限制。教师还可以利用虚拟现实技术带领学生参观世界各地的艺术博物馆，让学生身临其境地感受艺术作品的魅力，拓宽艺术视野。

在评价体系方面，多元化评价方法逐渐取代单一的以作品技巧为主要标准的评价方式。除了关注作品的技法表现，还注重学生的创作思路、创新点、团队合作以及在创作过程中的成长与进步。例如，在一次集体创作项目中，教师会根据学生在团队中的角色发挥、创意贡献以及最终作品的整体效果等多方面进行综合评价，全面考量学生的艺术素养和综合能力。

教育资源的优化配置在美术教育中同样关键。通过数字化平台，学校可以获取丰富的美术教学资源，如高清的艺术作品图片、专业的教学视频等。一些学校还利用智能教育平台分析学生的艺术创作风格和偏好，为教师提供个性化的教学建议，从而帮助教师更好地指导学生，实现因材施教。

二、共生教研的定义与重要性

共生教研是一种以合作、共享和共同成长为理念的教育研究模式，它强调教师之间、教师与学生之间以及学校与社区之间的互动与协作。在这一模式下，教师不再是孤立的个体，而是汇聚智慧的集体，共同解决教学中的问题，提升教学质量。根据一项对美国教育改革的研究，那些实施了教师合作计划的学校，在学生标准化考试成绩上平均提高了10%。这表明，通过教师间的协作，可以有效促进学生的学习成效。

共生教研的理论基础可以追溯到教育生态学，该理论认为教育系统中的各个要素，如教师、学生、课程和环境，都处于相互依存和相互作用的状态。这种相互作用形成了一个动态平衡的生态系统，其中任何一个要素的变化都会影响到整个系统的功能。因此，共生教研倡导的是一种整体性的教育观，它要求教育工作者在实践中不断寻求和维护这种平衡，以实现教育的可持续发展。在这一理论视角下，教师、学生、课程内容、教学方法和学校环境等构成一个动态平衡的生态系统。根据教育生态学的"相互作用模型"，教师与学生之间的互动不仅影响个体发展，还影响整个教育生态的健康和稳定。研究显示，当教师在教学中采用合作学习策略时，学生的学习成效和社交技能均得到显著提升，这反映了共生教研理论强调的互惠互利原则。此外，共生教研还借鉴了社会学中的"社会资本"概念，强调通过建立信任、规范和网络来促进知识和资源的共享。正如教育家约翰·杜威所言："教育不是为生活做准备，而是生活本身。"共生教研正是通过构建一个互助合作的教育环境，使教

共生教研：青年教师成长路径研究与探索

育成为一种持续的、富有生命力的过程。

　　共生教研与传统教研在理念和实践上存在显著差异。传统教研往往侧重于教师个体的教学技能和知识传授，而共生教研则强调教师间的合作与资源共享，以及学生参与和反馈的整合。在共生教研模式下，教师不再是单打独斗的知识传递者，而是通过团队合作，共同设计课程、评估学生表现，并分享教学经验的知识共享集体。这种模式下，教师的专业成长不再是个体单独的成长的过程，而是通过集体智慧和协作来实现。共生教研构建了一个相互依存、共同发展的教育生态系统，其中教师、学生、课程内容和教学环境等之间形成良性互动。这种模式下，教师能够更好地适应教育变革，学生的学习成效也因教师间的协作和学生参与度的提高而得到显著提升。根据新西兰学者约翰·哈蒂的可见学习理论，教师之间的合作可以显著提高学生的学习成效，因为这种合作促进了教学策略的共享和优化，从而在教育生态系统中形成了正向的共生关系。在实践中，共生教研的实施往往需要教师之间建立协作小组，通过定期的研讨和交流，共同解决教学中的问题，提升教学质量。此外，共生教研还要求学校管理层提供必要的支持，如时间安排、资源分配和政策制定，以确保这种共生关系能够在教育生态中稳固发展。

　　在共生教研的实践中，教师专业成长与之紧密相连，共同构建了一个互惠互利的教育生态系统。共生教研强调教师之间的合作与资源共享，通过集体智慧的汇聚，促进教师个体的专业发展。一项针对美国中西部地区学校的调查显示，实施共生教研的学校教师在教学方法和学生评估方面的创新率提高了30%。这表明，教师在合作中相互学习，不断吸收新的教育理念和教学策略，从而提升了自身的教学能力。此外，共生教研还鼓励教师进行反思实践，通过定期的同行评议和反馈，教师能

008

够及时调整教学方法，优化教学效果。引用约翰·杜威的观点："教育不是一种简单的传递知识的过程，而是一个社会互动的过程。"共生教研正是通过这种社会互动，促进了教师专业成长，使教师成为终身学习者，不断适应教育变革的需求。

共生教研模式的实施，为教师职业发展提供了全新的视角和实践路径。通过教师之间的合作与资源共享，教师能够突破传统教学的局限，实现专业成长和创新教学方法的探索。教师在合作教学中能够相互学习，分享教学策略，从而提高课堂管理能力和教学效果。这种模式下，教师不再是孤立的个体，而是成为一个协作的团队，共同致力于提升教育质量。共生教研强调教师专业成长与学生发展的互动，通过这种互动，教师能够更好地理解学生需求，调整教学策略，从而促进学生全面发展。此外，共生教研还鼓励教师参与教育政策的制定和学校管理的决策过程，这不仅增强了教师的职业归属感，也为教师提供了更广阔的职业发展空间。共生教研模式的实施对学生学习成效产生了显著的正面影响。

在共生教研的实践中，教师合作与资源共享机制是推动教育创新和提升教学质量的关键。通过建立有效的合作平台，教师们可以跨越学科界限，共同探讨教学方法、分享教学资源，从而实现知识与经验的互补。在资源共享方面，数字化平台的运用为教师提供了前所未有的便利。利用 Google Classroom（谷歌教育）、Moodle（魔灯）等在线教学管理系统，教师可以轻松地上传和共享教学材料、作业、测验等资源。这不仅提高了资源的利用率，还促进了教师之间的交流和反馈。根据一项研究，教师通过在线协作平台进行教学资源共享，能够节约约30%的备课时间，并且能更快地适应新的教学要求。此外，教师合作与资源共享机制的建立，也应考虑教师个体差异和学校文化。在实施过程中，需要通过建立包容性的合作文化，鼓励教师根据自身特点和学生需求，灵活运用共享资源。学校管理层面，可以建立教师专业学习社群，通过定期的教研活动，如教学研讨、案例分析和教学观摩，来促进教师之间的知识共享和经验交流。此外，学校可以利用教育技术，如在线协作平台，来突破时间和空间的限制，实现教师间的即时沟通和资源共享。例如，某学校引入"教师协作网络"，使教师们能够实时分享教学资源，讨论教学难题，从而提高了教学效率和质量。这种模式不仅促进了教师的专业成长，也为学生创造了更加丰富和多元的学习环境。

在共生教研的实践中，教师个体差异与合作障碍是不可忽视的挑战。教师作为教育实践的主体，其个人的教学理念、知识背景、技能水平以及对教育技术的掌握程度，都会影响到教研活动的成效。一项针对不同教龄教师的研究表明，教龄较长的教师可能更倾向于传统的教学方法，而年轻教师则可能更愿意尝试新的教育技术与合作模式。这种个体差异若不妥善协调，可能会导致合作中的摩擦和冲突，阻碍教研活动的顺利进行。为了克服这些障碍，可以借鉴霍桑效应——当个体感受到自己是被关注和重视的，其工作积极性和效率会显著提升——在教研活动中给予教师更多的关注和支持，从而提高他们的参与度和合作意愿。同时，通过建立基于共同目标和相互尊重的合作机制，如定期的教研会议、工作坊和同伴观察，促进教师之间的交流与学习，减少个体差异带来的负面影响。在探讨共生教研的实践路径时，学校文化与组织结构的适应性显得尤为关键。学校文化作为教育机构的灵魂，其开放性、包容性和创新性是共生教研得以顺利实施的土壤。一所学校若能营造出鼓励教师间合作与交流的氛围，将有助于打破传统的"孤岛式"教学模式，促进教师之间的知识共享和专业成长。在组织结构方面,学校需要设计灵活的组织架构,以适应共生教研的需求。扁平化的管理结构能够减少层级,缩短决策路径,使教师能够更快地响应教学实践中的问题和挑战。此外,学校还可以借鉴"学习社区"理念,将学校建设成一个教师、学生、家长以及社区成员共同参与和学习的环境,从而形成一个多元、互动的教育生态系统。

在共生教研的实践中,教育资源分配与利用的不均衡问题尤为突出,这不仅影响了教师的专业成长,也对学生的全面发展造成了制约。根据联合国教科文组织的数据,全球教育资源的分配存在显著差异,发达国家与发展中国家之间、城市与农村之间,甚至不同学校之间,教育资源的获取和利用都存在鸿沟。一些发达国家的学校能够利用先进的教育技术,如虚拟现实和人工智能(AI),来丰富教学内容和方法,而发展中国家的学校可能连基本的教学设施和教材都难以保障。这种不均衡不仅限制了教师的教学创新,也剥夺了学生接触新知识、新技能的机会,从而加剧了教育不平等。共生教研的教育生态学视角强调了教育系统内部各要素之间的相互依存和相互作用。然而,现实中教育资源的不均衡分配破坏了这种生态平衡,加剧了教育生态系统的失衡。教师合作与资源共享的机制在资源匮乏的环境中难以建立,因为缺乏必要的物质基础和激励措施。学生参与与反馈的整合方法也因资源限制而变得单一,无法满足不同学生的学习需求。这种不均衡的资源分配,不仅影响了教育质量的提升,也阻碍了教育公平的实现。面对教育资源分配与利用的不均衡挑战,共生教研的实践策略需要更加注重公平性和包容性。教育政策与学校管理的支持措施应当致力于缩小不同群体之间的教育差距,例如通过提供针对性的资金支持、技术援助和专业培训,来帮助资源不足的学校和地区提升教育水平。同时，教育技术的应用前景广阔，它有可能成为缓解教育资源不均衡的重要手段。推广在线教育平台和开放教育资源，可以为偏远地区的学生提供与城市学生同等的学习机会，从而促进教育公平。

共生教研在美术教育中具有独特的意义。它强调美术教师之间、美术教师与学生之间以及美术教育与学校、社区之间的紧密互动与协作。例如，在一个美术教研项目中，教师们共同探讨如何将当地的民间美术文化融入课堂教学，通过集体备课、互相听课评课等方式，分享教学经验和资源，共同设计具有地方特色的美术课程。

与传统教研相比，共生教研更注重合作与共享。传统美术教研可能侧重于教师个人教学技能的提升，而共生教研则强调团队的力量。在共生教研模式下，教师们共同开展教学研究项目，如研究如何利用现代技术提升学生的美术鉴赏能力时，教师们分工合作，有的负责收集资料，有的进行技术应用测试，有的分析学生的学习效果，通过团队协作实现研究目标，提升教学质量。

在实践中，共生教研促进了美术教师的专业成长。教师通过参与教研活动，接触到不同的教学理念和方法。教师们可以相互学习，将优秀的教学方法融入自己的课堂教学中，不断创新教学策略，提高教学水平。同时，共生教研也提升了学生的学习成效。教师团队共同设计的丰富多样的美术课程和活动，能够满足不同学生的兴趣和需求，激发学生的学习兴趣和创作热情。

在美术共生教研的实践中，教师合作与资源共享机制是关键。教师们可以通过建立美术教学资源库，共享教学课件、教学设计、学生优秀作品等资源。利用在线协作平台，教师们可以实时交流教学心得，共同解决教学中遇到的问题，如如何引导学生进行色彩搭配、如何启发学生的创意等。学生参与和反馈的整合方法也至关重要。教师可以通过问卷调查、学生作品分析、小组讨论等方式收集学生的反馈，了解学生对美术课程的需求和意见，以便及时调整教学内容和方法，提高教学的针对性和有效性。

学校管理的支持措施为美术共生教研提供了保障。学校可以建立美术教研团队的激励机制，对在教研活动中表现突出的教师给予表彰和奖励，为教师提供更多的发展机会和空间。同时，学校可以加大对美术教学设施的投入，建设专业的美术教室、艺术展览厅等，为美术教育创造良好的硬件环境。

然而，美术共生教研也面临一些挑战。教师个体差异在美术教学中表现明显，如有的教师擅长传统绘画教学，有的教师则在现代艺术教学方面更有经验。这种差异可能导致在教研合作中出现沟通障碍和理念冲突。为了克服这些障碍，学校可以组织教师进行跨领域的培训和交流活动，促进教师之间的相互理解和融合。学校文化与组织结构的适应性也需要关注。学校应营造积极开放的艺术氛围，鼓励教师和学生积极参与美术创作和研究活动。建立灵活的组织结构，如单独成立美术教研工作室、艺术项目组等，便于教师开展教研活动，提高教研效率。

三、共生教研模式对青年教师成长的推动作用

在"三新"改革的浪潮中，青年教师的角色与成长路径正在经历前所未有的转变。新课程标准的实施，要求教师更新教学理念，从传统的

知识传授者转变为引导者和促进者。青年教师在这一过程中，通过参与课程设计、教学方法创新，以及跨学科教学的探索，不仅能够提升自身的专业技能，还能促进学生全面发展。

新技术的应用，为青年教师带来了教学方式的革新。如通过智慧教室的构建和教育技术的运用，青年教师能够更加有效地进行教学活动。智慧教室的引入使得课堂互动性增强，学生参与度提高，教师能够实时获取学生反馈，及时调整教学策略。这种技术的融合，不仅提升了教学效率，也为青年教师的专业成长提供了新的动力。青年教师在这一过程中，通过不断学习和掌握新技术，成为教育信息化的积极推动者和实践者。

新评价体系的建立，要求青年教师在教学评价能力上有所提升。传统的以分数为主的评价方式正在向多元化评价转变，后者更加注重学生的综合素质和能力培养。青年教师在这一过程中，需要学会如何综合运用形成性评价和总结性评价，以及如何通过评价促进学生自我反思和持续进步。新评价体系的实施有助于激发学生的内在动机，促进其主动学习。

在"三新"改革的浪潮中，青年美术教师肩负着重要的使命。新课程标准要求青年美术教师更新教学理念，从注重技能传授向培养学生的审美能力、创新思维和文化理解能力转变。例如，在教授绘画技巧的同时，引导学生思考作品所传达的情感和文化内涵，鼓励学生尝试不同的艺术风格和表现手法，培养学生的艺术个性。

新技术的应用为青年美术教师带来了新的教学手段。他们可以利用数字艺术软件进行教学演示，如使用 Adobe Photoshop 教授图像处理技巧，让学生更直观地了解数字艺术的创作过程。通过在线教学平台，教师可以展示学生的作品，促进学生之间的交流与学习，拓宽学生的艺术视野。

新评价体系促使青年美术教师提升评价能力。他们需要学会综合运用形成性评价和总结性评价，关注学生在艺术创作过程中的成长与进步。例如，在学生的绘画创作过程中，教师通过观察学生的创作思路、技巧运用、问题解决等方面进行形成性评价，及时给予指导和反馈，帮助学生不断改进作品。在课程结束时，结合学生的最终作品和整个学习过程中的表现进行总结性评价，全面评价学生的学习成果。

在共生教研模式的实践中，青年美术教师通过参与教研活动，与其他教师共同探讨美术教学中的问题和解决方案。例如，某校一次关于如何提升学生美术创作灵感的教研活动中，教师们分享了各自的教学经验和方法，有的教师提出带领学生走进自然、观察生活的方式，有的教师建议通过欣赏不同类型的艺术作品启发学生的灵感。青年美术教师在这个过程中学习到了多种有效的教学策略，并将其应用到自己的课堂教学中，提升了教学效果。

共生教研模式还促进了教育信息化在美术教学中的深入应用。青年美术教师利用信息技术优化教研活动流程，如通过在线问卷调查收集学生对美术课程的需求和意见，利用数据分析软件分析学生的学习情况，根据分析结果调整教学内容和方法。在教学中，教师可以利用多媒体资源丰富教学内容，如播放艺术纪录片、展示艺术家的创作过程视频等，让学生更全面地了解艺术创作的背景和过程，提高学生的学习兴趣和参与度。

教师合作网络的构建为青年美术教师提供了更多的学习和成长机会。在跨学科的合作中，青年美术教师与其他学科教师共同开展项目式学习活动。例如在一次以校园文化建设为主题的项目中，美术教师与语文教师合作，指导学生创作校园文化主题的绘画作品，并为作品配上相应的文字说明，既提升了学生的美术创作能力，又锻炼了学生的文学表达能力，同时也促进了教师之间的专业交流与成长。

在共生教研的背景下，青年美术教师的角色定位更加多元化。他们不仅是美术知识的传授者，更是艺术创新的推动者和学生艺术成长的引导者。青年美术教师通过不断学习和实践，提升自己的专业素养和教学能力，在美术教育改革中发挥着积极的作用，为培养具有创新精神和审美素养的学生贡献自己的力量。

第二章

青年教师面临的挑战

一、新课程标准的适应问题

新课程标准的核心理念强调以学生为中心，倡导学生主动学习、批判性思维和创新能力的培养。在这一理念指导下，教学不再局限于传统的知识传授，而是转变为引导学生发现问题、分析问题和解决问题的过程。新课程标准鼓励教师采用项目式学习、合作学习等教学方法，以促进学生的全面发展。在实践中，教师可以借鉴布鲁纳的发现学习理论，设计富有挑战性的学习任务，激发学生的好奇心和探究欲。案例研究显示，当学生在课堂上被赋予更多自主权时，他们的学习动机和参与度显著提高。因此，青年教师在适应新课程标准的过程中，需要不断更新自己的教学观念，将核心理念融入教学设计和实施中，以培养出适应未来社会发展的创新人才。新课程标准的实施标志着教育领域的一次深刻变革，它与传统教学模式之间存在着显著的差异。传统教学模式往往以教师为中心，注重知识的传授和记忆，而新课程标准则强调以学生为中心，倡导学生主动学习、批判性思维和创新能力的培养。新课程标准鼓励学生参与更多的探究活动和项目学习，这与传统模式下学生被动接受知识的情况形成鲜明对比。在新课程标准下，教学内容不再局限于教科书，而是更加注重跨学科的整合，以及与现实世界的联系。新课程标准下的课堂更加灵活，教师的角色从知识的传递者转变为学习的引导者和问题解决的协助者。

在新课程标准的指导下，青年教师必须更新他们的教学内容与方法，以适应教育的变革。新课程标准强调跨学科知识的整合，要求教师在设计课程时，将 STEAM 教育融入日常教学中。这不仅要求教师掌握更广泛的知识体系，还要求他们能够运用项目式学习等教学方法，激发学生的创新思维和问题解决能力。案例研究显示，通过项目式学习，学生在解决实际问题时表现出更高的参与度和学习动机。青年教师还可通过情境教学法等，使学生在真实或模拟的情境中学习，从而更好地理解和应用知识。在新课程标准的背景下，评估与考核方式的变革成为青年教师必须面对的重要挑战。传统的考核方式往往侧重于学生的记忆能力和标准化测试成绩，而新课程标准倡导的是一种全面评价学生能力的模式，强调评价学生的批判性思维、创造力以及解决问题的能力。美国教育心理学家霍华德·加德纳的多元智能理论被广泛应用于现代教育评估中，它提倡对学生的多种智能进行评价，而不仅仅是传统的语言和逻辑数学智能。在实践中，这可能意味着教师需要设计包含项目作业、口头报告、团队合作以及自我评价等多种形式的考核方式。一项针对美国高中学生的调查显示，那些在项目式学习中表现活跃的学生，在大学和职场中更有可能成功，这表明了新评估方式对学生长远发展的积极影响。

在新课程标准的背景下，青年教师的持续发展与专业培训显得尤为重要。面对教学内容与方法的更新，以及评估与考核方式的变革，教师必须不断更新自己的知识体系和教学技能。通过参与定期的培训项目，教师可以掌握新的教学理念，如布鲁姆的教育目标分类法，这有助于他们设计出更符合新课程标准的教学活动。此外，案例研究方法在教师培训中也扮演着关键角色，它能够帮助教师通过分析真实教学情境中的问题，提升解决实际教学挑战的能力。在新课程标准的背景下，青年教师必须掌握教学资源的整合与创新，以适应教育的变革。通过利用数字技术，教师可以将传统的纸质教材与在线资源相结合，创建一个多元化的学习环境。此外，教师可以采用翻转课堂的教学模式，让学生在课前通过视频和互动软件自主学习新知识，课堂时间则用于讨论、实践和深化理解。这种模式不仅促进了学生的主动学习，还让教师有更多时间进行个性化指导。青年教师应致力于创造一个与学生生活紧密相连的学习环境，使学习过程更加生动和有意义。

在新课程标准的指导下，青年教师必须重新审视和调整他们的课堂管理策略和学生互动方式，以生成更有效的学习环境。一项针对课堂管理的研究表明，当教师采用积极的行为支持策略时，学生的参与度和学习成果都有显著提高，这包括使用明确的规则、一致的期望和积极的强化。此外，通过案例分析可以看到，当教师运用差异化教学策略，根据学生的不同需求和能力水平调整教学方法时，学生的学习动机和成绩都有所提升。

在新课程标准的指导下，个性化教学与差异化指导成为青年教师成长的重要途径。个性化教学强调根据每个学生的兴趣、能力和学习风格来设计教学内容和方法，而差异化指导则要求教师在教学过程中对不同学生的需求作出相应的调整。根据霍华德·加德纳的多元智能理论，教师应识别学生在语言、逻辑、空间、运动、音乐、人际、内省和自然等不同智能领域的强项，并据此设计课程内容，以满足学生的个性化需求。一项针对个性化教学的研究表明，当教师能够根据学生的个别差异调整教学策略时，学生的参与度和学习成效均有所提高。因此，青年教师在实践中应不断探索和应用这些理论与策略，以促进学生的全面发展。

新课程标准下的美术教育也强调以学生为中心，注重培养学生的审美感知、艺术表现、创意实践和文化理解等核心素养。这要求青年美术教师更新教学观念，改变传统的以教师示范、学生模仿为主的教学方式。例如，在教授绘画课程时，不再仅仅强调绘画技巧的训练，而是引导学生观察生活、感受自然，从生活中获取灵感，培养学生的自主创作能力。

在教学内容与方法方面，新课程标准要求美术教学融入跨学科知识和现实生活元素。青年美术教师需要将美术与历史、文化、科学等学科有机结合，如在讲解文艺复兴时期的美术作品时，介绍当时的历史背景、文化思潮以及科学技术的发展对美术创作的影响，帮助学生更好地理解作品的内涵。同时，教师要采用多样化的教学方法，如项目式学习、情境教学等。比如，在项目式学习中，教师可以组织学生开展"城市公共艺术设计"项目，让学生在实践中综合运用美术知识和技能，提升解决实际问题的能力。

评估与考核方式的变革也是青年美术教师面临的挑战之一。新的评价体系注重学生的综合素质和能力发展，应采用多元化的评价方式。除了传统的作品评价外，还包括学生的课堂表现、学习过程中的参与度、团队合作能力等方面的评价。青年美术教师需要设计科学合理的评价指标和方法，如通过学生的自我评价、小组互评、教师评价等多维度评价方式，全面客观地评价学生的学习成果。形成性评价与终结性评价的结合对于青年美术教师来说至关重要。在教学过程中，要定期开展形成性评价，如通过课堂提问、作业批改、小组讨论等方式，及时了解学生的学习情况，发现学生存在的问题并给予及时指导。在学期末或课程结束时应进行终结性评价，综合考虑学生的学习过程和最终成果，全面评价学生的学习效果，为学生提供有针对性的反馈和建议，促进学生的持续发展。

在持续专业发展与培训方面，青年美术教师需要不断学习新的教育理念、教学方法和艺术技能。教育部门和学校应提供丰富多样的培训机会，如组织美术教育专家讲座、开展教学工作坊、提供在线学习课程等。例如，举办"当代艺术教育理念与实践"讲座，邀请知名艺术家和美术教育专家分享最新的艺术教育动态和教学经验，帮助青年美术教师更新知识体系，提升教学水平。

青年美术教师还需掌握教学资源的整合与创新方法。利用互联网资源，收集丰富的艺术作品图片、视频资料等，建立自己的教学资源库。同时，要学会开发校本课程资源，结合学校所在地的地域文化特色，开发具有地方特色的美术课程，如"家乡的民间美术"校本课程，将当地的剪纸、刺绣等民间艺术引入课堂，激发学生的学习兴趣和对本土文化的热爱。

在课堂管理和学生互动方面，青年美术教师要营造积极活跃的课堂氛围，鼓励学生自由表达和创新。个性化教学与差异化指导是青年美术教师适应新课程标准的重要途径。通过了解每个学生的艺术特点和需求，为学生制订个性化的学习计划。在教学过程中，根据学生的学习进度和反馈及时调整教学策略，确保每个学生都能在美术学习中取得成长和进步。采用差异化教学策略，根据学生的不同兴趣、能力和学习风格，提供个性化的教学指导。例如，对于对绘画有浓厚兴趣且基础较好的学生，可以提供更具挑战性的创作任务和专业指导；对于基础较弱的学生，注重基础知识的巩固和兴趣的培养。

在新课程标准的推动下，青年美术教师成为美术教育创新的先锋。他们积极探索新的教学模式和方法，如利用虚拟现实技术开展美术欣赏课程，让学生身临其境地感受艺术作品的魅力；采用合作学习的方式，组织学生共同完成大型艺术创作项目，培养学生的团队协作能力和创新思维。同时，青年美术教师要注重自身的长期职业规划与个人发展路径，不断学习和实践，提升自己的专业素养和教学能力，成为优秀的美术教育工作者。

二、新技术在教学中的应用挑战

随着教育技术的快速发展，青年教师正面临着前所未有的机遇与挑战。根据 Global Market Insights 的报告，全球教育技术市场预计在 2025 年将达到 1 万亿美元，这表明技术在教育领域的应用正以前所未有的速度增长。虚拟现实和增强现实（AR）技术已经开始改变传统的课堂教学模式，为学生提供沉浸式学习体验。青年教师必须适应这种变化，将这些新兴技术整合到教学中，以提高学生的学习兴趣和效果。技术的发展不仅体现在硬件设备的更新换代，更在于软件和平台的创新应用，如在线学习管理系统和个性化学习路径的开发。这些技术的应用，使得教学内容的数字化成为可能，同时也要求教师从传统的知识传授者转变为引导者和促进者。青年教师必须适应这种角色的转变，利用技术整合的优势，为学生提供更加丰富和可互动的学习体验。在教育技术浪潮的冲击下，青年教师的角色正经历着从传统的知识传授者向引导者和促进者的转变。这一转变不仅体现在教学方法的创新上，更深刻地影响着教育的本质和师生之间的互动。根据一项 ISTE 的研究，教师在技术整合中应更多地关注促进学生的批判性思维和创造性解决问题的能力，而不仅仅是知识的单向传递。青年教师通过采用混合式学习和翻转课堂模式，能够更好地适应这种角色的转变，如某中学的青年教师利用在线平台和社交媒体进行教学互动，不仅提高了学生的参与度，还促进了学生之间的协作学习。

数字化教材的开发与应用已成为青年教师面临的重要挑战与机遇。随着互联网和移动设备的普及，数字化教材不仅改变了信息的传递方式，也改变了学习资源的获取和使用。根据 ISTE 的报告，超过70%的K−12学生在2020年已经使用数字教材进行学习。这种转变要求青年教师不仅要掌握传统教学技能，还要具备开发和应用数字化教材的能力。数字化教材的开发需要教师具备跨学科的知识和技能，包括教育学、心理学、信息技术等。青年教师在这一过程中扮演着关键角色，他们需要利用现有的技术工具，如在线协作平台、多媒体编辑软件等，来创建互动性强、适应不同学习风格的教材。此外，数字化教材的开发与应用还涉及对教育内容的创新设计。青年教师可以采用"逆向设计"思维，即首先确定学习目标，然后设计评估方式，最后规划教学活动。这种方式有助于确保数字化教材与学习目标紧密对应，同时促进学生主动学习。数字化教材的开发正是为了创造一个更加生动、可互动和富有成效的学习环境，使教育真正成为生活的一部分。

青年教师面临的挑战之一还有评估和选择合适的教育软件和工具。随着技术的快速发展，市场上涌现出大量教育软件和工具，它们声称能够提高教学效率和学生的学习体验。然而，并非所有工具都适合每个教学环境或满足特定教学目标。因此，教师需要具备批判性思维，对这些工具进行评估与选择。有效的教育软件应具备用户友好性、适应性和可扩展性。用户友好性确保教师和学生能够轻松上手，适应性意味着软件能够根据不同的教学需求进行调整，可扩展性则保证了软件能够随着教育需求的变化而更新升级。青年教师可以参考这些标准，同时结合自己的教学风格和学生的特点进行选择。使用像 Khan Academy（可汗学院）这样的平台，可以为学生提供个性化的学习路径，而 Google Classroom 等工具则有助于简化课堂管理和作业提交流程。青年教师在选择时，应考虑这些工具是否能够与现有的教学方法和课程内容无缝对接，以及是否能够促进学生之间的协作和互动。此外，青年教师还应关注教育软件和工具的伦理和隐私问题。教师在选择工具时，必须确保所选软件符合相关的数据保护法规，并且能够保障学生的个人信息安全。通过明智的选择，教师可以更好地利用技术来丰富教学内容，提高教学效果，并为学生创造一个安全、高效的学习环境。

混合式学习和翻转课堂模式为青年教师提供了创新教学方法的机遇。混合式学习结合了线上和线下教学的优势，通过在线平台提供自主学习材料，学生能够根据自己的节奏学习，而课堂时间则用于深入讨论和实践应用。一项研究显示，采用混合式学习的课程比传统课堂更能提高学生的参与度和成绩。翻转课堂模式则要求学生在课前通过视频和阅读材料学习新知识，课堂时间则用于解决疑惑、小组讨论和项目合作。这两种模式不仅提高了课堂的互动性，还让教师能够更有效地关注学生的个别需求。利用在线平台和社交媒体进行教学互动，不仅能够打破传统课堂的时空限制，还能促进学生之间的协作与交流。通过使用 Google Classroom、Moodle 等在线教学管理系统，教师可以实时发布课程资料、作业和反馈，学生亦可随时随地参与讨论和提交作业。社交媒体在教学中的应用，也为师生提供了一个更为开放和互动的环境，学生可以通过这些平台分享学习心得，教师也可以通过这些渠道了解学生的学习进度和需求。一项针对美国大学生的调查显示，超过60%的学生认为社交媒体在学习过程中起到了积极作用。此外，青年教师可以利用这些工具来构建学习社区，通过案例分析、小组讨论等形式，激发学生的批判性思维和创新能力。

青年教师面临的技术培训需求日益迫切。随着技术的快速发展，教师必须掌握如何有效地整合和应用新技术，以适应数字化教学内容的挑战。根据 ISTE 的评价标准，教师应具备数字公民意识、创新设计思维、知识构建、数字学习环境的管理能力等。一项针对美国教师的调查显示，超过 80% 的教师认为技术培训对于他们有效使用教育技术至关重要。因此，青年教师需要通过专业发展课程和持续的培训来提升这些技能。通过这些培训，青年教师将能够更好地应对教育技术带来的挑战，同时抓住其中的机遇，为学生提供更加丰富和有效的学习体验。

青年教师如何在利用新技术的同时保护学生的数据和隐私权也至关重要。随着数字化教学内容的普及和在线学习平台的广泛使用，学生的学习数据变得越来越丰富，包括成绩、行为记录，甚至是在线互动的细节。这些数据对于个性化教学和评估学生表现具有重要价值，但同时也引发了对隐私保护的担忧。根据美国《儿童在线隐私保护法》(COPPA)，教育机构和教师有责任确保 13 岁以下学生的个人信息不被滥用。青年教师在技术整合中的新角色要求他们不仅要掌握教育技术的应用，还要成为学生数据保护的守护者。在选择和评估教育软件和工具时，教师需要仔细审查这些工具是否符合数据保护法规，并确保学生数据的安全性。最好使用加密技术来保护存储和传输中的学生数据，以及实施严格的数据访问控制，确保只有授权人员才能访问敏感信息。此外，教师还应教育学生关于网络安全和隐私保护的知识，培养他们的自我保护意识。在进行教学评估与反馈时，青年教师应利用技术进行学生表现的实时评估，同时确保评估过程中的数据收集和分析符合伦理和隐私标准。可以采用匿名化处理学生数据的方法，以保护学生身份不被泄露。在收集和分析反馈以优化教学方法时，教师应遵循最小必要原则，即仅收集完成教学目标所必需的数据，并且在分析后及时删除或匿名化处理这些数据。

在教育技术的浪潮中，青年教师面临的伦理考量是多方面的。随着技术的使用，学生数据的收集和分析变得日益频繁，这不仅涉及隐私权的保护，还关系到数据安全和伦理的问题。根据一项研究，超过60%的美国学校使用某种形式的学生数据追踪系统，这引发了对学生个人信息可能被滥用的担忧。青年教师必须在使用这些系统时，确保遵循相关的隐私保护法规，如美国有《儿童在线隐私保护法》和《家庭教育权利和隐私法》（FERPA），以保护学生免受数据泄露的风险。此外，教育技术中的伦理考量还包括对所有学生公平使用技术的承诺。技术普及的不均衡可能导致数字鸿沟的扩大，使得资源不足的学生群体在教育机会上处于不利地位。因此，青年教师在采用新技术时，需要考虑如何通过创新的方法来缩小这种差距，通过开源软件和免费在线资源来提供平等的学习机会。在进行伦理考量时，青年教师还应关注技术对师生关系的影响。技术的使用不应削弱师生之间的直接互动，而应作为加强联系的工具。青年教师应确保技术的使用能够促进而非替代师生之间的真实互动，使教育过程更加人性化，而非仅仅依赖于冰冷的屏幕和设备。总之，青年教师在教育技术的浪潮中，必须在促进技术进步的同时，坚守伦理原则，确保技术的使用既符合法律规定，又能够促进教育公平，维护学生权益，并且加强师生之间的联系，从而在技术与教育的融合中找到平衡点。

随着教育技术的快速发展，青年美术教师面临着诸多机遇与挑战。虚拟现实、增强现实、数字绘画软件等新技术在美术教学中的应用日益广泛。例如，利用 VR 技术，学生可以进入虚拟的艺术博物馆，近距离欣赏世界各地的艺术珍品，感受不同文化背景下的艺术魅力；数字绘画软件如 Procreate 为学生提供了丰富的绘画工具和便捷的创作环境，降低了绘画创作的门槛，激发了学生的创作热情。

然而，青年美术教师在技术应用方面也面临着一些挑战。首先，他们需要掌握各种新技术的操作技能，如熟练使用 3D 建模软件、视频编辑软件等。这需要教师不断学习和实践，参加相关的技术培训课程和研讨会，提升自己的技术水平。其次，教师要将新技术有效地整合到美术教学中，避免技术与教学内容的脱节。例如，在使用数字绘画软件教学时，要明确教学目标，引导学生利用软件表达自己的创意和情感，而不是仅仅关注软件的操作技巧。

数字化教材的开发与应用也是青年美术教师面临的重要任务。数字化教材不仅包括传统教材的电子化版本，还应融入多媒体元素，如动画、视频、音频等，使教材更加生动有趣。青年美术教师需要具备一定的跨学科知识和技能，如掌握一定的信息技术、教学设计能力和艺术创作能力，才能开发出高质量的数字化教材。在开发过程中，要注重教材的交互性和个性化，根据学生的不同需求和学习进度提供相应的学习内容和指导。

在评估和选择合适的教育软件和工具时，青年美术教师需要具备批判性思维。市场上的教育软件和工具种类繁多，教师要根据教学目标、学生特点和学校的教学环境进行选择。例如，对于低年级的学生，可以选择操作简单、界面友好的绘画软件；对于高年级的学生，可以选择功能更强大、专业性更强的设计软件。同时，要关注软件的安全性和合法性，确保学生在使用过程中的信息安全。

混合式学习和翻转课堂模式为青年美术教师提供了创新教学方法的机遇。在混合式学习中，教师可以将线上学习资源与线下课堂教学相结合，如让学生在课前通过在线课程学习美术理论知识，在课堂上进行实践创作和讨论交流。翻转课堂模式则将知识传授的过程放在课外，学生通过观看教学视频自主学习，课堂时间主要用于解决学生在学习过程中遇到的问题和开展深入的讨论与创作。青年美术教师需要合理设计教学流程，充分发挥不同教学模式的优势，提高教学效果。

青年美术教师面临的技术培训需求日益迫切。教育部门和学校应提供系统的技术培训课程，包括教育技术的基本理论、软件工具的操作方法、教学资源的设计与开发等方面的内容。教师自身也要积极主动地学习，关注教育技术的发展动态，不断提升自己的技术应用能力，以适应数字化教学的需求。

在专业持续发展和技能更新方面，青年美术教师要不断学习新的教学工具和方法，如利用人工智能技术辅助教学评价、通过大数据分析了解学生的学习行为和需求等。同时，要关注技术伦理和隐私问题，在使用学生数据进行教学分析和评价时，要遵循相关法律法规，保护学生的隐私。

在利用新技术进行学生表现的评估时，青年美术教师可以借助学习管理系统中的分析工具，对学生在在线学习平台上的学习行为和作品创作过程进行跟踪和分析。例如，通过分析学生在数字绘画软件中的操作记录，了解学生的绘画技巧掌握情况和创作思路，及时发现学生存在的问题并给予指导。同时，要注重评估过程中的数据安全和隐私保护，确保学生的个人信息不被泄露。

三、新评价体系的应对策略

新评价体系的目标是构建一个全面、公正、动态的绩效评估框架，旨在促进教师专业成长，提高教学质量，提升学生的学习成效。该体系强调多元评价，不仅包括传统的教学成果，还涵盖教师的教学方法、学生反馈、同行评价以及自我反思等多个维度。某研究显示，在教师评价体系中加入学生反馈后，教师的教学满意度提升了20%，学生的学习成绩也相应提高了15%。新评价体系的核心是强调多元评价、过程评价与结果评价相结合，以及评价的公正性和透明性。在青年教师的实践中，这意味着他们需要设计包含项目作业、口头报告、同伴评价和自我评价在内的多样化评价方式。此外，过程评价关注学生学习过程中的进步，而结果评价则侧重于最终的学习成果。这种评价方式的转变要求教师在教学设计时，不仅要注重知识的传授，还要关注学生能力的培养和情感态度的形成。在新评价体系下，青年教师面临的适应难度不容小觑。新评价体系往往要求教师在教学方法、教学内容上先进行根本性的转变，这不仅需要教师具备高度的灵活性和创新性，还要求他们能够迅速掌握并应用新的教育技术。根据一项针对教育改革的研究，超过60%的教师表示在实施新的评价体系时遇到了教学方法与评价标准不匹配的问题。这表明，教师在适应新评价体系的过程中，需要克服的不仅仅是技术层面的挑战，还面临心理和认知层面的转变。此外，青年教师在职业生涯的早期，往往缺乏足够的经验来应对这种变化，这使得他们更难以在短时间内达到新评价体系的要求。因此，为青年教师提供充分的培训和专业发展机会，以及建立一个支持性的校园文化，对于帮助他们克服适应障碍至关重要。

在青年美术教师的实践中，这意味着需要设计包含多种形式的评价方式。除了传统的对学生作品的评价外，还应引入学生自评、互评以及家长和社区的参与评价。例如，在一个绘画项目结束后，组织学生进行小组互评，让学生相互欣赏作品，从构图、色彩、创意等方面提出优点和建议，培养学生的审美能力和批判性思维。同时，鼓励学生进行自我评价，反思自己在创作过程中的收获与不足，促进自我成长。

为了帮助青年美术教师适应新评价体系，提供充分的培训和专业发展机会至关重要。培训内容可以包括新评价体系的理论基础、具体评价方法的应用、案例分析等。例如，组织教师参加"美术教育新评价体系实践培训"工作坊，通过实际案例演示如何进行多元化评价，教师在实践中掌握评价技巧。同时，鼓励教师之间相互交流和分享经验，共同探索适合美术教学的评价方法。

在新评价体系下，青年美术教师面临的教学方法与内容的调整压力尤为显著。随着教育评价标准的更新，教师必须重新审视和设计美术课程内容，确保其与评价目标的一致性。例如，增加对当代艺术思潮和文化多样性的介绍，引导学生关注社会热点和文化现象，并将其融入艺术创作中，培养学生的社会责任感和文化洞察力。

青年美术教师可以利用数据分析工具来跟踪学生的美术学习进度，及时调整教学策略。例如，通过学习管理系统分析学生在不同艺术主题学习中的表现，发现学生在色彩运用方面存在普遍问题，教师可以有针对性地设计色彩专题训练课程，提高学生的色彩感知和运用能力。

在新评价体系的指导下，青年美术教师需要创新教学方法以满足评价需求。可采用项目式学习方法，如组织学生开展"校园环境艺术设计"项目，让学生在实践中综合运用美术知识和技能，提升解决实际问题的能力，同时也能更好地培养学生在项目过程中的创新思维和团队合作精神。翻转课堂模式在美术教学中也具有重要应用价值。学生在课前通过观看艺术史、绘画技巧等视频资料自主学习基础知识，课堂上则专注于作品创作、讨论和教师指导，这种模式能够提高学生的学习主动性和参与度，使教师更有效地关注学生的个别差异和深度学习需求。

在新评价体系下，青年美术教师的专业成长显得尤为关键。随着教育评价体系的不断更新，教师必须适应以学生为中心的教学模式，这要求他们不仅要有扎实的美术专业知识，还要具备创新教学方法的能力和教育研究能力。教师可以通过参与专业发展项目，如参加美术教育学术研讨会、参与课题研究等方式，不断提升自己的专业素养。

在青年美术教师面对的新评价体系的挑战中，有效利用学生评价是教学质量提升与个人专业成长的关键环节。学生评价不仅提供了教师教学效果的直接反馈，而且是教师自我反思与持续改进的重要依据。教师可以建立基于数据的分析模型，如学生学习行为分析系统，通过收集和分析学生在课堂表现、作业完成、作品创作等方面的数据，更精确地识别教学中的强项和弱点，进而制定有针对性的改进措施。因此，建立一个积极的反馈与改进机制是至关重要的。教师可以定期组织学生进行问卷调查和小组访谈，收集学生对教学内容、方法和环境的反馈意见。例如，每学期末开展一次全面的学生评价活动，了解学生对本学期美术课程的满意度和建议。根据学生的反馈，教师及时调整教学计划和方法，不断优化教学过程，提高教学质量。

在新评价体系下，青年美术教师还面临着如何有效利用教育技术来提高评价效率的挑战。随着大数据和人工智能技术的发展，教育评价已经从传统的纸笔测试转变为更加多元和智能的评价方式。教师可以利用在线学习平台收集学生的学习数据，如学生在数字绘画软件中的创作过程记录、在美术欣赏课程中的在线测试成绩等，通过数据分析工具进行深度分析，追踪学生的学习进度和理解程度，及时调整教学策略，实现个性化教学。

自动评分系统可以快速准确地评估学生的标准化测试答案，如美术基础知识的选择题、填空题等。智能分析工具则能够对学生的作品创作和论文写作等开放性任务进行深度分析，提供更为细致的反馈。例如，利用图像识别技术分析学生绘画作品的构图、色彩搭配等方面的特点和问题，并给予建议。教师在应用这些技术时，需要接受相应的培训，学习如何解读数据分析结果，如何根据数据调整教学方法，以及如何利用技术工具来设计更加科学合理的评价方案。

在青年美术教师面对的新评价体系的挑战中，教育数据分析扮演着至关重要的作用。通过收集和分析学生的学习数据，教师能够获得关于学生学习进度、理解程度和教学方法有效性的深刻见解。例如，利用学习管理系统中的数据，教师可以追踪学生在不同美术模块（如绘画、雕塑、设计等）的参与度和成绩，分析学生在不同艺术风格学习中的表现差异，从而识别出哪些教学内容需要加强或调整。数据驱动的决策不仅提高了教学的针对性，也促进了个性化学习路径的形成。教师可以根据学生的学习数据为每个学生制订个性化的学习计划，推荐适合学生的学习资源和练习任务。例如，对于在素描基础方面较弱的学生，系统自动推送素描基础教程和练习题目，帮助学生有针对性地提升技能。

在青年美术教师面对新评价体系的挑战时，定期评估策略的有效性与改进空间显得尤为重要。教师可以通过收集和分析教学数据，如学生的作品质量提升情况、学习兴趣变化、课堂参与度等指标，了解哪些教学方法和内容调整最能提升学生的学习成效。例如，对比采用项目式学习前后学生的作品创新程度和团队合作能力的变化，如果发现项目式学习有效地提高了学生的这些能力，教师可以进一步优化项目设计和实施过程。

此外，通过定期的自我评估和同行评审，教师可以识别出教学实践中的不足之处，并及时调整教学策略。例如，组织教师进行教学观摩和互评活动，相互学习和借鉴成功的教学经验，共同改进教学方法，提高教学质量，以更好地适应新评价体系的要求，促进学生的美术学习和成长。

第三章

共生教研的核心理念

一、教研共同体的文化与价值观塑造

共生教研在美术教育领域强调教师、学生、教育管理者以及相关利益方之间的紧密合作，旨在通过集体智慧和资源共享，促进美术教育质量的整体提升。在美术教研共同体中，教师们共同探讨教学方法、课程设计、艺术创作理念等问题，形成一种互助互学的教研文化。例如，某美术教研共同体组织教师开展"传统美术与现代艺术融合教学"研讨活动。教师们分享各自在教学中如何将传统绘画技巧与现代艺术表现形式相结合的经验，如在国画教学中引入当代艺术的构图和色彩理念，激发学生的创新思维。通过这种交流与合作，教师们不仅丰富了教学方法，还拓宽了艺术视野，提升了自身的专业素养。

在构建美术教研共同体的文化与价值观过程中，"以学生为中心，促进其全面发展"是关键的价值导向。这要求共同体成员在教研活动中始终将学生的需求和成长放在首位。在设计美术课程时，应充分考虑学生的兴趣、能力和个性差异，采用分层教学和个性化指导的方式，满足不同学生的学习需求。例如，在一个以"校园壁画创作"为主题的课程设计中，教师根据学生的绘画基础和创意能力进行分组，为每个小组提供不同难度层次的任务和指导，确保每个学生都能在项目中有所收获，培养学生的团队合作精神和艺术实践能力，促进学生在审美、创意和技能等方面的全面发展。

共同愿景与目标的设定是美术教研共同体发展的重要指引。一个清晰的共同愿景能够增强团队的凝聚力和向心力，激发成员的创新潜能和责任感。例如，某美术教研共同体确立了"培养具有创新精神和文化底蕴的未来艺术家"的共同愿景，并围绕这一愿景制定了具体的目标，如提升学生的艺术创作水平、推动美术教育与文化传承的融合、加强与社区的艺术互动等。

共同体成员通过共同参与目标的设定和实施过程，积极投入教学研究和实践中。在实现目标的过程中，不断运用 SWOT 分析模型评估内外部环境，根据实际情况调整策略，确保目标的实现既符合现实条件，又具有前瞻性，为美术教育的发展提供有力的支持。

在美术教研共同体中，成员构成通常包括美术教师、艺术教育专家、学校管理者、学生代表以及社区艺术工作者等多元化的角色。艺术教育专家可以为教师提供最新的教育理论和研究成果，指导教师开展教学实践和研究；学生代表能够反馈学生的学习需求和意见，使教学更贴近学生实际；社区艺术工作者则可以带来社会艺术资源和实践机会，丰富教学内容。例如，在一次"社区艺术展览策划"的教研项目中，社区艺术工作者介绍了社区艺术展览的流程和要求，教师与学生共同参与策划和作品创作，学校管理者协调各方资源，艺术教育专家对项目进行指导和评估。通过这种多元参与的方式，教研共同体形成了一个相互学习、共同成长的环境，促进了美术教育与社会的紧密联系。

在美术教研共同体的组织原则与运作机制方面，开放性、包容性、共享性是基本原则。开放性体现在欢迎不同背景和经验的人员加入共同体，鼓励跨校、跨地区的交流与合作。例如，举办美术教育学术论坛，邀请国内外的美术教育专家和教师分享教学经验和研究成果，拓宽教师的视野。包容性要求尊重每个成员的观点和想法，鼓励不同教学风格和方法的尝试与融合。共享性则强调成员之间的资源共享和经验交流，如建立美术教学资源库，包括优秀教案、教学视频、学生作品等，供成员自由下载和学习。在运作机制上，通常采用民主决策和集体领导的方式。在制订教学研究计划、选择教研项目主题等方面，通过全体成员的讨论和投票决定，确保每个成员都有参与决策的机会，增强共同体的凝聚力和执行力。例如，在确定下一年度的美术教研重点时，组织全体成员进行研讨，每个成员都可以提出自己的建议和理由，经过充分讨论后进行投票表决，最终确定教研方向。

在美术教研共同体的活动设计与实施中，精心策划的活动是构建其文化与价值观的关键。例如，组织"美术教学案例分享会"，每月邀请一位教师分享自己的成功教学案例，包括教学目标、教学过程、教学方法的应用以及学生的学习成果等方面的内容。在分享过程中，其他教师可以提问和交流，共同探讨教学中的优点和不足，学习优秀的教学经验和方法。

通过收集和分析教学数据，如学生的作品评价数据、课堂表现数据等，共同体能够识别教学中的问题和挑战，并据此采用有针对性的干预措施。例如，如果数据分析发现学生在色彩搭配方面普遍存在问题，共同体可以组织专题讲座和实践活动，邀请专家进行指导，帮助教师提升教学效果，促进学生的学习进步。

在美术教研共同体的资源共享与合作模式中，建立一个开放的资源平台是重要举措。例如，搭建美术教育在线平台，教师可以在平台上上传和下载教学课件、教学设计、教学视频、艺术作品图片等资源。同时，平台还可以设置交流论坛，让教师可以在论坛上发布教学心得、提出教学问题，与其他教师进行互动交流。这种模式不仅促进了知识的传播和创新，还加强了教师之间的专业联系和情感联结。例如，一位教师在平台上分享了自己开发的一套创意绘画课程资源，受到了其他教师的广泛关注和好评，许多教师借鉴该课程资源并进行了二次创作，进一步丰富了教学内容。通过这种资源共享与合作，美术教研共同体形成了一个充满活力和创造力的学习社区。

在美术教研共同体的教育方法中，要坚持以学生为中心的教学理念。通过案例教学法，教师可以将真实的艺术创作案例带入课堂，让学生在分析和解决案例问题的过程中学习和体验艺术创作的过程和方法。例如，在讲解绘画构图时，引入著名画家的作品案例，引导学生分析作品的构图特点和艺术效果，然后让学生运用所学知识进行自己的作品创作，培养学生的审美能力和创作能力。合作学习和小组讨论也是重要的价值观教育方法。在美术课堂上，组织学生进行小组合作创作项目，如共同完成一幅大型壁画或一组雕塑作品。在合作过程中，学生需要相互沟通、协作，尊重他人的意见和创意，培养团队合作精神和人际交往能力。同时，教师在这个过程中引导学生学会欣赏和评价他人的作品，促进学生之间的相互学习和共同进步，使学生在学习美术知识和技能的同时，培养良好的价值观和社会责任感。

在美术教研共同体的发展过程中，成员之间价值观的差异与冲突是可能面临的挑战之一。由于成员来自不同的教育背景和专业领域，他们对于美术教育的理解和追求的目标可能存在差异。例如，一些教师可能更注重传统绘画技巧的传授，而另一些教师则更强调现代艺术观念的培养。为了解决这一问题，美术教研共同体可以通过定期的研讨会和工作坊，组织成员共同探讨美术教育的本质和目标，分享各自的教育理念和实践经验，促进成员之间的相互理解和包容。例如，举办"美术教育理念与实践"研讨会，邀请专家进行主题演讲，引导教师们进行深入的讨论和交流，在交流中逐渐形成共识，推动共同体的和谐发展。

在共生教研的实践中，美术教研共同体面临的挑战还包括资源分配不均、成员间合作不畅以及创新理念的推广难度高等问题。为了应对这些挑战，共同体需要采取一系列策略与建议。在资源分配方面，建立一个公平透明的资源分配机制至关重要。可以参考帕累托效率原则，优化资源分配，确保每个成员都能获得必要的支持和资源。例如，在分配美术教学设备和材料时，根据教师的教学需求和学生人数进行合理分配，避免资源过度集中或浪费。

共同体还应积极倡导创新文化，鼓励成员尝试新的教学方法和理念。为教师提供一个自由探索和实验的环境，如设立教学创新基金，支持教师开展教学改革项目和实验研究，激发教师的创新潜能。例如，一位教师申请了"数字艺术与传统绘画融合教学"的创新项目，共同体通过评审后给予资金和资源支持，帮助教师开展项目研究和实践。

面对外部环境的不确定性，共同体需要建立灵活的应对机制。例如，成立应急小组，及时关注教育政策的变化、艺术教育市场的动态以及社会文化的发展趋势，快速调整教研方向和策略，确保共同体能够适应不断变化的环境。比如在面对线上美术教育需求激增的情况时，应急小组迅速组织教师开展线上教学培训，开发线上美术课程资源，保障教学的顺利进行。

随着教育信息化的不断推进，美术教研共同体的发展朝着更加开放、协作和创新的方向迈进。利用大数据、云计算等技术，实现了美术教育资源的优化配置和高效共享。例如，通过建立美术教育大数据平台，收集和分析学生的学习行为数据、教师的教学效果数据等，为教学决策提供科学依据，实现精准教学和个性化学习。某美术教育集团通过建立在线教研平台，使得教师能够跨区域、跨学校地进行教学研讨和资源共享，极大地提升了教研活动的效率和质量。教师们可以在平台上实时交流教学心得，共同探讨教学中遇到的问题，分享优秀的教学案例和资源。此外，教研共同体在实践中不断探索新的合作模式，如"美术双师课堂""线上线下混合式美术教学"等，不仅促进了教师专业成长，也为学生提供了更加个性化和互动性的学习体验。

在教育创新的浪潮中，美术教研共同体扮演着至关重要的作用。通过集体智慧的汇聚，促进美术教育理念的更新，推动教学方法的革新。例如，某地区美术教研共同体引入项目式学习模式，将美术教学与实际项目相结合，如组织学生参与城市公共艺术设计项目，让学生在实践中学习和应用美术知识与技能，培养学生的创新能力和解决实际问题的能力。学生在项目实施过程中，不仅提高了美术创作水平，还增强了团队协作能力和社会责任感。

美术教研共同体还能够通过共享资源和合作模式，打破传统美术教育的孤岛效应，形成跨学科、跨学校的创新教育网络。例如，与语文、历史等学科教师合作开展"艺术与文化"主题教学活动，将美术作品与文学、历史背景相结合，让学生从多学科角度欣赏和理解艺术，拓宽学生的知识视野，培养学生的综合素养。教研共同体正是通过不断探索和实践，将美术教育创新融入日常教学中，为学生提供更加丰富和多元的学习体验，推动美术教育的发展。

二、教师专业成长的支持系统与资源整合

共生教研在美术教育中以教师专业成长为核心，强调教师、学生、学校、社会等多元主体相互依存、共同发展。在这一理念的指导下，美术教师通过合作与交流，实现知识、技能和经验的共享，从而促进自身与教育生态系统的共同进步。比如，某地区实施的美术教师专业学习社群项目，通过定期的研讨和协作，显著提高了教师的教学能力和学生的学习成效。在这个项目中，教师们定期相聚，共同探讨美术教学中的问题和解决方案。例如，在一次关于"如何提升学生绘画创意"的研讨中，教师们分享了各自的教学方法和经验，有的教师提出通过引导学生观察生活中的细节来启发创意，有的教师介绍了利用大师作品赏析激发学生灵感的方法。教师们相互学习、借鉴，将这些方法应用到自己的教学中，有效地提升了教学质量。

共生教研理念的引入，为美术教师专业成长提供了全新的视角和实践路径。它改变了传统美术教师孤立的教学状态，促进了教师之间的合作与资源共享。教师不再是独自备课、授课，而是成为一个相互支持、共同成长的群体。研究表明，参与美术教师学习共同体的教师在教学效能感和职业满意度方面都有显著提高。例如，在一个以"美术课程设计与实施"为主题的学习共同体中，教师们共同参与课程设计，分享教学资源和教学心得。在这个过程中，教师们不仅学到了新的教学方法和技巧，还感受到了团队合作的力量，增强了对美术教育事业的热爱和责任感。

在教育变革的浪潮中，美术教师角色的转变与适应成为共生教研的核心议题。随着 21 世纪知识经济的快速发展，美术教育领域正经历着前所未有的变革。美术教师不再仅仅是绘画技巧的传授者，而是成为学生审美能力培养的引导者、创新思维的激发者和艺术文化传承的推动者。例如，在现代美术教学中，教师要引导学生欣赏不同文化背景下的艺术作品，帮助学生理解艺术作品所蕴含的文化内涵和情感表达，培养学生的文化理解能力和审美鉴赏能力。同时，教师要鼓励学生尝试用不同的材料和表现手法进行创作，激发学生的创新思维和创造力。美术教师需要不断更新自己的知识结构，掌握新的教学技能，以适应教育变革带来的挑战。

教师专业成长不仅是个人能力的提升，更是美术教育生态系统中不可或缺的一环。教师作为学生学习美术的引导者和促进者，其专业成长直接关系到学生美术核心素养的培养。例如，教师在课堂上运用批判性思维教学法，引导学生对艺术作品进行分析和评价，能够显著提高学生的艺术分析和解决问题的能力。

教师通过使用新的教学方法，能够更好地理解并实施新的美术教育理念，如项目式学习、探究式学习等，从而激发学生的创造力和合作精神。在项目式学习中，教师引导学生围绕一个特定的艺术项目展开研究和创作，如"设计一个环保主题的艺术装置"，学生在项目实施过程中，需要运用所学的美术知识和技能，同时还需要进行团队协作和问题解决，从而全面提升自己的美术素养和综合能力。教师的专业成长，正是通过不断学习和实践，才能将这些先进的教育理念转化为学生日常学习生活中的真实体验。

美术教师专业成长与终身学习理念的结合显得尤为重要。教师作为美术教育创新的主体，其专业成长不仅关乎个人职业发展，更是提升美术教育质量、实现教育公平的关键。根据 OECD 的报告，教师的专业发展与学生的学习成果之间存在显著的正相关关系。因此，美术教师需要不断更新知识、技能和教学方法，以适应快速变化的教育环境。终身学习理念的融入，促使教师将学习视为职业生涯的一部分，而非仅仅是入职前的准备。教师可以通过参与教研活动、专业培训、学术研讨等方式，持续地提升自我，实现专业成长。例如，参加美术教育学术研讨会，了解最新的美术教育研究成果和教学趋势；参与专业培训课程，学习新的绘画技巧、数字艺术创作方法或教育技术应用；等等。此外，教育机构应构建支持系统，如美术教师发展中心、在线学习平台等，为教师提供持续学习的机会和资源。例如，建立美术教师在线学习平台，平台上提供丰富的美术教育课程，包括艺术史、绘画技巧、教学设计等方面的课程，教师可以根据自己的需求和时间进行自主学习。同时，平台还可以设置交流论坛，教师可以在论坛上与同行交流学习心得和教学经验，形成良好的学习氛围。教师的专业成长和终身学习正是共生教研理念的生动体现，通过不断学习和实践，教师能够更好地适应教育变革，促进学生全面发展。

在构建美术教师专业发展支持体系的框架设计中，应当以共生教研的理念为指导，确保教师在专业成长的道路上得到全面而有效的支持。首先，体系设计应基于对教师个体差异的深入理解，通过数据分析和案例研究，识别教师在不同发展阶段的具体需求。例如，新入职的美术教师可能更需要在绘画基础技能和教学基本方法方面得到指导和培训；而有一定教学经验的教师则可能更关注如何提升自己的课程设计能力和艺术创作水平，以及如何将新的教育理念融入教学中。因此，支持体系应提供个性化的专业发展路径，满足不同教师的需求。其次，体系设计应融入技术赋能，利用信息技术促进资源共享与优化。例如，通过在线平台实现优质美术教学资源的共享，如高清的艺术作品图片库、优秀的美术教学视频、专业的绘画软件教程等，从而提高教师的教学效率和质量。教师可以在平台上搜索和下载所需的资源，用于教学备课和学生学习指导。此外，支持体系还应包括定期的教师培训、工作坊和研讨会，以促进教师间的协作与交流，形成学习共同体。

在教师专业发展支持体系的构建中，共生教研理念强调了教师个体与教育环境之间的相互依存和共同进化。根据美国全国教育协会（NEA）的报告，教师专业发展计划的有效性与教师参与度密切相关，参与度高的教师在教学实践中的创新和学生学习成果上表现出显著的提升。因此，支持机制的构建应以教师的实际需求为出发点，通过定期的培训、工作坊和研讨会，为教师提供持续学习和成长的机会。例如，举办"美术教育新技术应用"工作坊，介绍和培训教师使用数字绘画工具、虚拟现实艺术创作软件等现代技术在教学中的应用；开展"美术课程设计与创新"研讨会，组织教师共同探讨如何设计具有创新性和吸引力的美术课程，分享成功的课程设计案例和经验。同时，实施策略应包括建立教师个人发展档案、记录教师的专业成长轨迹，以及通过同伴评审和教学观摩等方法，促进教师之间的相互学习和经验分享。例如，教师个人发展档案可以记录教师参加的培训课程、教学研究成果、获得的奖项和荣誉等信息，为教师的职业发展提供参考和依据。同伴评审和教学观摩活动可以让教师相互学习和借鉴，发现自己教学中的优点和不足，从而不断改进教学方法。此外，利用数据分析模型，可以对教师的教学效果进行量化分析，从而为教师提供有针对性的反馈和改进建议。例如，通过分析学生的作品成绩、课堂表现数据以及学生的学习兴趣和满意度调查结果等，评估教师的教学效果，为教师提供具体的改进方向和建议，帮助教师提升教学质量。

在构建共生教研的美术教育生态系统时，学校内部支持系统的构建与优化是关键一环。学校作为美术教师专业成长的主阵地，其内部支持系统需要通过科学的规划和实施策略，为教师提供一个促进专业发展的环境。此外，学校应利用信息技术，如建立在线美术教研平台，使教师能够突破时间和空间的限制，随时随地获取资源和参与讨论。例如，学校的在线美术教研平台可以设置教学资源库、教学论坛、在线课程等功能模块。教师可以在资源库中查找和下载所需的教学资料，在论坛上与同事交流教学心得和问题，参加在线课程学习新的知识和技能，提高自己的专业素养。

在构建美术教师专业成长的生态系统时，教育机构间的协作支持模式是关键一环。这种模式强调不同教育机构之间的资源共享、优势互补和协同创新。例如，某地区教育局通过建立区域美术教育联盟，实现了优质美术教育资源的均衡分配，促进了教师专业成长。该联盟通过定期的教研活动、教师交流项目和共同的课程开发，使得教师能够跨校学习和分享实践经验，从而提升了整个区域的美术教学质量。例如，联盟组织美术教师交流项目，让教师到不同学校进行短期教学交流，学习其他学校的先进教学经验和方法；共同的课程开发项目则集合了多所学校的教师力量，共同研发具有特色的美术课程，如地方民间美术课程、现代数字艺术课程等，丰富了美术教学内容。

教育机构间的协作支持模式还能够通过建立合作网络，利用信息技术促进资源的共享与优化。引用约翰·杜威的观点："教育是社会进步及个人发展的工具。"在这一理念指导下，教育机构可以利用在线平台，如MOOCs（大规模开放在线课程）和虚拟教室，来打破地理限制，实现教师专业发展的无界限。通过这些平台，美术教师可以接触到最新的美术教育理念、教学方法和研究成果，从而不断更新自己的知识体系和教学技能。例如，在MOOCs平台上，教师可以选修国内外知名专家开设的美术教育课程，学习先进的教育理论和实践经验；虚拟教室则为教师提供了一个在线交流和合作的空间，教师可以在其中与同行共同开展教学研究和课程设计项目。

在构建美术教师专业成长的生态系统时，社会资源是不可或缺的一环。社会资源的广泛参与不仅能够为教师提供多元化的学习和发展机会，而且能够促进美术教育公平，实现知识与经验的共享。例如，某市通过与艺术机构、企业合作，引入了先进的美术教育技术和资源，为教师提供了丰富的在线课程资源和课外实践机会，有效提升了教师的信息技术应用能力和艺术创作水平。具体措施包括，与当地的美术馆合作，开展教师艺术鉴赏培训和学生艺术实践活动；与科技企业合作，引入数字艺术创作软件和设备，并为教师提供相关的培训和技术支持，让教师能够将现代技术应用到美术教学中。

社区资源的整合也至关重要，博物馆、社区图书馆等文化机构可以成为教师专业成长的第二课堂，为教师提供实践和研究的场所。例如，教师可以组织学生到博物馆进行艺术作品赏析和临摹活动，让学生在真实的艺术氛围中学习和成长；利用社区图书馆的艺术书籍和资料，开展美术阅读和研究活动，拓宽教师和学生的艺术视野。通过融入社会资源，美术教师能够接触到更广泛的知识体系，促进其专业素养的全面提升。

在构建美术教师专业成长的生态系统时，教师个人发展计划的制订是关键一环。它不仅需要反映教师个人的职业愿景，还应与学校的发展目标和美术教育改革的方向相一致。根据美国教育心理学家罗伯特·加涅的学习结果分类，教师可以将个人发展目标细分为知识、技能和态度三个层面，确保全面发展。例如，在知识层面，教师可以设定学习艺术史、美学理论、教育心理学等方面知识的目标；在技能层面，设定提高绘画技巧、数字艺术创作能力、教学设计能力等目标；在态度层面，培养对美术教育的热爱、创新精神和团队合作意识等。

在实践中，教师可以利用SWOT分析模型，来明确自身在专业成长中的定位和方向。一位擅长传统绘画的美术教师可能发现自己的优势在于扎实的绘画基本功和对传统艺术的深入理解，但劣势在于对现代教育技术的应用不够熟练和缺乏跨学科教学的经验。通过这样的自我分析，教师可以制订有针对性的提升计划，如参加教育技术培训课程，学习如何运用数字工具进行教学；参与跨学科教学研究项目，与其他学科教师合作开展美术与语文、科学等学科的融合教学实践。此外，教师个人发展计划的制订还应考虑到教育技术的融合，如利用在线教育平台和社交媒体工具，促进知识的更新和教学方法的创新。例如，教师可以利用在线教育平台学习最新的美术教育课程，关注国内外美术教育专家的社交媒体账号，获取最新的教育资讯和教学灵感，不断提升自己的专业素养和教学能力。

在构建美术教师专业成长的生态系统时，教育资源的识别与评估策略是至关重要的。首先，教育资源的识别是一个全面而细致的过程，涉及对现有资源的盘点，包括但不限于美术教材、教学工具、在线课程、专业书籍、学术论文以及教师个人经验等。根据某项研究，有效识别美术教育资源的策略包括对教师需求的调查分析，以及对教育技术工具的使用频率和效果的评估。例如，通过问卷调查了解教师在教学中对不同类型教学资源的需求，如对特定绘画风格教学视频的需求、对某种新型绘画材料使用指导的需求等；同时，评估教师对已使用的教育技术工具（如数字绘画软件、在线教学平台等）的掌握程度和应用效果，分析这些工具在提升教学效率和学生学习效果方面的作用。通过这些数据，可以更准确地了解哪些资源是教师迫切需要的，哪些资源的使用效果并不理想，从而进行优化调整。

评估策略则需要建立在科学的分析模型之上，比如 SWOT 分析模型，它可以帮助我们识别资源的优势、劣势、机会和威胁。例如，对于某一在线美术课程资源，其优势可能在于课程内容丰富、讲解详细，且具有互动性；劣势可能是对网络环境要求较高，部分学生可能无法流畅学习；机会在于随着网络技术的发展，其受众可能会进一步扩大；威胁则可能来自其他类似课程资源的竞争。通过这种分析，我们可以对美术教育资源进行分类管理，优先选择那些具有明显优势且能带来教育创新的资源。同时，评估过程中还应考虑资源的可持续性和可扩展性，确保它们能够适应美术教育环境的变化和教师专业成长的需求。

跨学科资源整合的实践路径是构建美术教师专业成长生态系统的关键。整合不同学科的教育资源，可以促进教师在教学实践中实现知识的深度与广度的拓展。一项针对美国多所学校的案例研究表明，跨学科美术项目能够显著提高学生的批判性思维能力和解决问题的能力。例如，美术教师和语文教师可以合作开展"文学与绘画"跨学科项目，共同设计课程内容和教学活动，让学生通过绘画来诠释文学作品，或者根据绘画作品创作故事，提高学生的综合素养和创造力。这种协同作用不仅提升了教师的专业能力，也为学生创造了更加丰富和多元的学习环境。

技术赋能与创新成为推动美术教师专业成长和教育资源整合的关键驱动力。随着大数据、人工智能、云计算等现代信息技术的飞速发展，美术教育领域正经历着前所未有的变革。

通过大数据分析，教育管理者可以更精准地识别学生的美术学习需求和教师的教学需求，从而实现个性化教学和专业发展路径的定制。大数据在美术教育中的应用能够提高学生的学习效率，例如，通过分析学生在在线美术学习平台上的学习行为数据，如浏览的课程内容、停留的时间、作业完成情况等，了解学生的兴趣点和薄弱环节，为学生推荐个性化的学习资源和练习任务；同时，也可以根据教师在教学过程中使用教学资源的情况、学生的学习反馈等数据，为教师提供专业发展建议和培训课程推荐。

人工智能技术的融入，为美术教师提供了智能辅导系统和自动评估工具，这些工具能够减轻教师的行政负担，让他们有更多时间专注于教学内容的创新和学生能力的培养。智能辅导系统能够根据学生的学习进度和理解能力，提供定制化的学习资源和练习，从而提高学习效果。例如，当学生在绘画技巧学习中遇到困难时，智能辅导系统可以根据学生的具体问题提供有针对性的示范视频、练习题目和指导建议。自动评估工具则可以快速准确地对学生的作品进行评价，如对绘画作品的构图、色彩、线条等方面进行分析和评分，并给出详细的反馈报告，帮助学生了解自己的优点和不足，同时也为教师提供教学参考。

云计算技术的应用，使得美术教育资源的存储、共享和协作变得更加便捷和高效。通过云平台，教师可以随时随地访问教学资源，进行在线协作和交流，打破了时间和空间的限制。Google Classroom 等在线教学平台，已经在全球范围内被广泛使用，极大地促进了美术教育资源的整合和教师专业成长。例如，教师可以在云平台上上传和分享自己的教学课件、教学设计、学生作品等资源，也可以与其他教师共同编辑和完善教学资料；学生可以在平台上提交作业、参与讨论和展示作品，实现师生之间、学生之间的高效互动和交流。

在构建美术教师专业成长的生态系统时，教研资源分配与教育公平的关联分析显得尤为重要。教育公平不仅是社会公平的重要组成部分，也是美术教育改革的核心目标之一。有效的教研资源整合，可以为不同地区、不同背景的美术教师提供平等的专业发展机会，从而缩小美术教育差距。建立跨学科、跨区域的教研资源共享平台，可以促进优质美术教育资源的均衡分配，提高美术教育质量，实现教育公平。例如，利用互联网技术搭建全国性的美术教育资源共享平台，将发达地区的优质课程资源、教学案例、教师培训资料等分享给偏远地区的学生和教师，让他们能够接触到先进的美术教育理念和方法；同时，平台也可以为不同地区的教师提供交流和合作的机会，促进教育经验的分享和传播。

此外，还能通过数据分析模型，如教育公平指数，来评估和监控教研资源分配对教育公平的影响，确保每项策略的实施都能有效推动教育公平的实现。例如，通过分析不同地区教师和学生对共享资源的使用情况、学习效果提升情况等数据，了解资源分配在促进教育公平方面的实际作用，并根据分析结果调整和完善资源分配策略，不断提高美术教育的公平性和质量。

在构建美术教师专业成长的生态系统时，教育资源的分类与整合方法也是关键环节。教育资源可以按照内容、形式、来源和使用目的进行分类。内容上可以分为美术学科知识、教学方法、评估工具等；形式上则包括纸质教材、数字资源、在线课程等；来源上则有政府、教育机构、非营利组织和个人创作等；使用目的则涉及教学、研究、自我提升等。整合这些资源时，需要采用系统化的方法，如建立标准化的资源库，利用大数据分析教师需求，以及通过云计算平台实现资源的共享和优化。

未来，共生教研理念下的美术教育将更注重公平，确保所有学生和教师都能从教育资源的整合中受益。利用在线教育平台和开放教育资源，能够为偏远地区的学生提供与城市学生同等的美术学习机会；同时，为美术教师提供更多的专业发展机会和资源支持，促进美术教育的均衡发展和整体提升。

三、教研共同体中的教师角色转变与能力提升

在现代美术教育的背景下，美术教师角色的转变已经成为教育改革的重要组成部分。随着信息技术的飞速发展和艺术知识更新的加速，美术教师已不再仅仅是绘画技能的传授者，而是成为艺术领域的终身学习者、学生艺术创新的引导者和活动组织者。

在共生教研的环境中，美术教师作为学习者的角色变得尤为重要。教师不再仅仅是艺术知识的传递者，更是终身学习的践行者。一项针对美术教师专业发展的调查研究显示，持续学习的教师在教学方法和学生学习成效上都有显著提升。

美术教师可以通过参与各种形式的教研活动，如专业工作坊、学术研讨会和在线课程，不断更新自己的艺术知识体系和教学技能。例如，

参加数字艺术创作工作坊，学习使用新的数字绘画软件和工具，掌握数字艺术的创作技巧和表现形式，将其融入教学中，为学生提供更丰富多样的艺术学习体验；参与美术教育学术研讨会，了解最新的教育研究成果和教学趋势，如基于项目的学习、探究式学习在美术教育中的应用，将这些先进的教学理念应用到课堂教学中，提升教学质量。

在共生教研的环境中，美术教师作为协作者的角色也变得至关重要。他们不再仅仅是知识的传递者，也是学习者共同体中的重要一员，与学生和其他教师共同探索、共同成长。根据一项针对美术教师合作模式的研究，教师通过协作教学，可以显著提高学生的参与度和学习成效。在实践中，美术教师可以通过定期的教研活动，如教学研讨、案例分析和同行评议，共同设计美术课程、评估学生表现，并分享教学策略。例如，在一次关于"民间美术进课堂"的教研活动中，教师们共同收集和整理本地民间美术资源，如剪纸、刺绣、木雕等，设计出具有地方特色的美术课程，并分享各自在教学过程中的经验和遇到的问题，共同探讨解决方案。这种协作不仅促进了教师之间的相互学习，还增强了团队的凝聚力，为学生提供了更丰富、更优质的美术教育。

在共生教研理念的指导下，美术教师也是学生艺术创新的引导者。教育技术的迅猛发展激发了学生的创新潜能，因此美术教师需要掌握如何有效地将数字工具融入美术教学实践。例如，在虚拟现实和增强现实技术逐渐应用于美术教育的背景下，教师需要学习如何利用这些技术创建沉浸式的艺术学习环境，让学生更直观地感受艺术作品的空间结构和创作过程；掌握如何使用 3D 建模软件辅助教学，帮助学生更好地理解立体造型的原理和方法。

在共生教研的指导下，青年教师的角色还从单纯的活动参与者逐渐转变为组织者，这一过程不仅体现了个人专业成长的轨迹，也映射了教育生态的积极变化。以某校青年教师张老师为例，她最初作为教研活动的参与者，通过参与教学反思小组，逐步积累了宝贵的教学经验。在参与过程中，张老师积极利用校内外资源，如参加教育研讨会、网络研修课程，以及与资深教师的一对一指导，收获了丰富的专业发展资源。随着经验的积累，张老师开始尝试将所学应用于实践，通过教学反思与实践，她逐渐在教研活动中扮演了更为积极的角色，她开始组织并领导了校内的教学研究小组，将自己在参与阶段获得的知识和技能传授给其他青年教师。她运用行动研究模型，鼓励教师们在实践中探索问题，通过小组合作，共同设计教学方案，实施教学实验，并对结果进行分析和讨论。张老师的角色转变，不仅提升了她个人的专业素养，也促进了整个教研团队的共同成长。

在面对角色转变时，教师应通过自我反思与持续学习来提升能力，美术教师可以借鉴约翰·杜威的反思性思维五大步骤：观察、问题提出、假设、推理和验证。据此，美术教师可以系统地分析自己的教学实践，提出改进方案，并在实践中验证其有效性。例如，在观察到学生在绘画构图方面存在普遍问题后，教师提出问题：如何提高学生的构图能力？然后假设通过引入经典绘画作品的构图分析和学生的构图练习相结合的方法可以解决问题，接着推理这种方法的可行性和可能遇到的问题，最后在教学实践中进行验证。如果学生在后续的绘画作业中构图水平有所提高，说明假设成立；如果没有改善，则需要重新分析和调整方案。这种科学的反思方法，有助于美术教师在共生教研的环境中，不断优化教学策略，提升教学效果。

此外，美术教师还可以利用数据分析模型来评估教学效果，如通过学生的美术作品成绩、课堂表现数据来调整教学策略，确保教学活动更加符合学生的学习需求。例如，通过分析学生在色彩绘画课程中的作品成绩和色彩运用的准确性、创新性等数据，发现学生在色彩搭配的协调性方面存在不足，教师便针对性地增加了色彩理论知识的讲解和色彩搭配练习，提高了教学的有效性。

在共生教研理念的指导下，美术教师合作模式的理论基础与实践原则成为推动美术教育创新和提升教学质量的关键。美术教师合作模式的理论基础强调了集体智慧的力量，认为教师间的协作能够促进知识的共享和专业技能的互补。实践原则则要求美术教师在合作中保持开放的心态，积极交流教学经验，共同解决教学难题。根据维果茨基的社会文化理论，美术教师通过合作可以构建"最近发展区"，即在更有经验的同事的帮助下，教师能够达到原本无法独立完成的教学水平。例如，在开展油画教学时，一位年轻教师在色彩调和和笔触运用方面遇到了困难，通过与经验丰富的教师合作，观察他们的教学示范和指导学生过程，学习到了有效的教学方法和技巧，提高了自己的教学能力。美术教师合作模式的案例分析显示，通过定期的教研活动和同行互助，教师能够有效提升教学策略。

在共生教研的环境中，美术教师的沟通策略与技巧是实现有效合作的关键。沟通不仅需要清晰、准确地传达信息，更需要建立在相互尊重和理解的基础上。在实践中，美术教师可以采用积极倾听的技巧，确保信息的双向流通，从而促进知识和经验的共享。例如，在教研活动中，当一位教师分享教学经验时，其他教师要专注倾听，不打断发言，并通过提问、点头等方式表示对发言内容的关注和理解，促进交流的深入进行。此外，美术教师合作中的沟通策略还应包括开放性问题的使用，这有助于激发深层次的讨论和创新思维。案例分析显示，当美术教师在教研活动中运用这些沟通技巧时，团队合作的效率和质量都有显著提升。例如，在讨论"如何将传统文化融入现代美术教学"的问题时，教师们通过提出开放性问题，如"传统文化元素在当代艺术创作中的创新表现形式有哪些？""如何引导学生用现代艺术手法诠释传统文化？"等，引发了热烈的讨论，教师们从不同角度分享了自己的见解和实践经验，为教学方法的创新提供了思路。在共生教研的环境中，美术教师合作是提升美术教育质量的关键因素之一。然而，合作过程中不可避免地会出现冲突，这些冲突可能源于不同的教学理念、资源分配不均或个人利益的差异。解决这些冲突并建立强大的团队凝聚力，对于实现共生教研至关重要。根据塔克曼的团队发展阶段模型，团队通常会经历组建、风暴、规范、执行、解散五个阶段。在风暴阶段，冲突尤为突出，此时美术教师需要通过有效的沟通和协商来解决分歧，从而过渡到规范阶段，形成统一的团队目标和工作方式。一项针对多所学校的调查研究显示，通过定期的团队建设活动和明确的角色分配，美术教师团队能够减少冲突的发生，并提高团队凝聚力。

例如，在一个新成立的美术教研团队中，教师们对于教学重点和方法存在不同的看法，有的教师强调传统绘画技巧的训练，有的教师则注重学生创意表达的培养。通过组织团队讨论和交流活动，教师们分享各自的教学理念和目标，逐渐理解和尊重彼此的观点，最终达成共识，确定了以培养学生综合美术素养为核心、兼顾技巧训练和创意启发的教学方向，并根据教师的专业特长和兴趣进行了角色分配，如有的教师负责绘画技巧教学，有的教师负责艺术理论讲解，有的教师负责组织艺术实践活动等，提高了团队的协作效率和教学质量。教师团队的凝聚力是推动美术教育创新和提升教学质量的重要力量。因此，美术教师在合作中应积极寻求共识，通过建立共同的愿景和目标，以及采用有效的冲突解决机制，来增强团队的凝聚力，从而在共生教研的道路上走得更远。

此外，美术教师合作模式下的资源共享与整合，能够帮助教师们更好地应对教育技术的快速发展，通过共享数字工具和在线平台，教师们能够更有效地将多媒体和互动技术应用到美术教学中，从而提升学生的学习体验和成效。例如，教师们可以共同学习和使用数字绘画软件、3D建模工具等，交流使用心得和教学经验，将这些技术应用到教学中，为学生创造更加生动、有趣的美术学习环境。

根据约翰·杜威的教育理论，学习是一个社会性的过程，通过合作与交流，美术教师能够更好地理解学生的需求，调整教学策略，完成角色转变。例如，在一次教学观摩活动中，一位教师发现另一位教师在引导学生进行艺术创作时，采用了启发式提问的方法，有效地激发了学生的创作思路，于是他将这种方法应用到自己的教学中，学生的创作积极性明显提高。此外，合作学习模式下的美术教师能够借助团队的力量，共同解决教学中遇到的难题，如利用行动研究方法，教师们可以系统地收集和分析数据，以科学的方式改进教学实践。

这种基于实践的教学改进，不仅增强了教师的实践能力，也促进了教师专业成长，为共生教研理念的深入实施提供了有力支撑。

四、教学创新与科研结合的共生模式探索

随着时代的发展，教育目标已经从传统的知识传授转变为培养学生的创新能力和批判性思维。这一演变与科研的发展密不可分。斯坦福大学的 d. school 就是一个将设计思维与教育创新结合的典范，它鼓励学生通过跨学科的团队合作解决复杂问题，这种模式已经影响了全球的教育实践。教育目标的演变要求教学内容和方法必须与科研前沿保持同步，以确保学生能够接触到最新的知识和技术。根据 OECD 的研究，创新教学模式能够提高学生的参与度和学习成效，这在一定程度上得益于科研成果的及时融入。以项目式学习模式为例，它鼓励学生通过解决实际问题来学习知识，这种模式已被证明能够有效提升学生的批判性思维和问题解决能力。根据一项由巴克教育研究所发布的研究数据，项目式学习模式能够显著提高学生的学术成就，并且在 STEAM 领域尤为有效。这种教学模式不仅为学生提供了将理论知识应用于实践的机会，也为教师提供了将科研成果转化为教学内容的平台，从而促进了科研能力的提升。此外，创新教学模式如翻转课堂和混合学习等，通过整合线上与线下资源，为科研提供了新的视角和方法。翻转课堂模式下，学生在课前通过观看视频或阅读材料来获取新知识，课堂时间则用于讨论、实验和深入探究，这种模式为教师进行科研工作提供了更多的时间和空间。根据一项对翻转课堂的分析，该模式能够提高学生的参与度和学习成效，同时为教师提供了更多与学生互动的机会，从而激发教师的科研思维和创新。教学创新模式还促进了跨学科研究的发展。在传统的教学模式

中，学科界限往往限制了科研的广度和深度。而创新教学模式如跨学科课程设计，鼓励学生从多个学科角度思考问题，这种模式有助于打破学科壁垒，促进教育研究的综合性和创新性。跨学科的教学创新模式正是鼓励师生跳出传统思维框架，以全新的视角进行科研探索。创新教学模式不仅能够提升学生的学习体验和成效，还能够为科研提供新的动力和方向。通过将科研成果融入教学，以及将教学实践与科研项目相结合，教育者和学生能够共同促进科研的发展，构建未来教育的新范式。

在探索教学创新与科研结合的共生模式中，多样化实践的成效分析揭示了教育领域内创新教学模式的深远影响。例如，翻转课堂模式通过将传统课堂讲授与课后家庭作业的顺序颠倒，让学生在课堂上进行深入讨论和实践，从而提高了学习的主动性和参与度。一项针对翻转课堂的实证研究表明，参与翻转课堂的学生在理解复杂概念和批判性思维能力方面，比传统教学模式下的学生表现更为出色。此外，项目式学习模式通过让学生参与到真实世界问题的解决中，培养了学生的创新能力和团队合作精神。根据一项对项目式学习模式的长期跟踪研究，参与项目式学习的学生在解决实际问题和自我驱动学习方面的能力显著提升。这些多样化教学模式的成功实践，不仅为教育者提供了宝贵的经验，也为未来教育的新范式构建提供了实践基础。

在当今教育领域，教育技术的应用已成为推动教学创新的重要力量。随着互联网、人工智能、大数据等技术的快速发展，教育技术正逐步渗透到教学的各个环节，从个性化学习路径的规划到虚拟现实和增强现实在课堂中的应用，教育技术正在重新定义教与学的体验。此外，教育技术在教学创新中的应用也促进了科研与教学的融合。通过在线开放课程、虚拟实验室等平台，学生和教师能够接触到前沿的科研成果和实验资源，这不仅拓宽了教学内容的广度，也加深了学生对科研过程的理解。斯坦福大学的在线课程平台 Coursera，已经为全球数百万学习者提供了与科研紧密结合的高质量课程资源。这种模式不仅提升了教学的科研含量，也为科研成果的快速传播提供了新的途径。然而，教育技术在教学创新中的应用也面临着挑战。技术的快速迭代要求教师不断更新自己的技能，以适应新的教学工具和平台。同时，如何确保教育技术的有效整合，避免技术的滥用和资源的浪费，也是当前教育技术应用中亟须解决的问题。因此，构建一个科学的评估与反馈机制，对教育技术在教学创新中的应用效果进行持续监测和优化，显得尤为重要。

在教学创新的过程中，学生的参与度与反馈是衡量教学和科研结合效果的关键指标。通过引入案例分析模型，例如"教学创新与科研结合的共生模式探索"，我们可以看到，当学生积极参与到教学活动中时，他们不仅能够更好地吸收知识，还能通过实践提升自身的科研能力，数据显示，参与项目的学生成绩普遍提高了15%，同时，学生对教学内容的满意度也从70%上升到了90%。这表明，当学生在教学过程中扮演更加积极的角色时，他们对学习的投入度和兴趣也随之增加。此外，通过定期的反馈机制，如问卷调查和小组讨论，教师能够及时了解学生的需求和困难，从而调整教学策略，确保教学创新与科研结合的实践更加贴合学生的实际需求。

在探索教学创新与科研结合的共生模式中，资源配置与优化的挑战尤为突出。随着教育目标的演变，教学与科研的融合要求更为精细化的资源分配策略。在实践中，一些高校通过建立跨学科研究中心，整合不同学科的科研资源，促进了教学内容的创新和科研成果的转化。此外，教育生态学视角下的共生模式强调了教学与科研的相互依存关系，要求在资源配置上实现动态平衡，以适应不断变化的教育需求。在当前教学创新的实践中，麻省理工学院（MIT）的"动手实践"项目是一个典型例子。该项目将科研与教学紧密结合，鼓励学生通过实际操作来学习理论知识，从而培养了学生的创新能力和解决实际问题的能力。根据 MIT 的统计数据，参与该项目的学生在后续的学习和工作中表现出了更高的适应性和创新性。此外，斯坦福大学的"创业教育"模式也值得借鉴，该模式通过将科研成果转化为创业项目，不仅推动了科研成果的商业化，也极大地激发了学生的学习热情和创新精神。

在探索教学创新与科研结合的共生模式中，科研成果的反哺作用是推动教育进步的关键动力。通过将科研成果转化为教学内容，不仅可以丰富课程资源，还能激发学生的学习兴趣和创新思维。在路径与效果评估方面，可以采用多维度的分析模型，如平衡计分卡，来衡量科研反哺教学创新的成效。该模型不仅关注财务指标，还包括客户（学生和教师）、内部流程、学习与成长四个维度。通过收集和分析数据，如学生满意度、教师参与度、课程更新频率以及科研成果的转化率等，可以全面评估科研成果在教学创新中的应用效果。

在探索教学创新与科研结合的共生模式中，科研项目与教学活动的协同效应是构建未来教育新范式的关键。通过将科研成果和方法论融入教学实践，不仅可以提升学生的学习体验，还能促进教师专业成长。从教育生态学的视角出发，教学与科研的共生关系可以被视作一个生态系统，其中科研项目作为资源和动力，与教学活动相互作用，共同促进教育生态的繁荣。在这一过程中，教师的角色从传统的知识传授者转变为引导者和协作者，他们通过参与科研项目，将最新的研究成果和研究方法带入课堂，激发学生的探究精神和批判性思维。此外，科研项目与教学活动的协同效应还体现在对学生参与科研项目的引导与激励机制上，通过提供实际操作的机会，学生能够将理论知识与实践相结合，从而加深对学科的理解和兴趣。最终，这种协同效应不仅提升了教学质量和科研水平，也为教育创新策略的制定提供了宝贵的经验和教训。

在构建未来教育新范式的探索中，教学创新与科研结合的实施流程设计是关键。首先，必须确立明确的教育目标，这些目标应与科研前沿紧密相连，以确保教学内容的前瞻性和实用性。其次，创新教学模式的实践需要通过多样化的教学方法来实现，如翻转课堂、项目式学习等，这些方法能够促进学生的主动学习和批判性思维能力的发展。此外还需注重资源的配置效率。在资源配置方面，应采用数据驱动的决策模型，如基于学习分析的资源优化，确保科研与教学的资源得到最有效的利用。最后，实施流程应包括监测与调整机制，以确保教学创新与科研结合的持续改进，这可以通过定期的反馈循环和效果评估来实现，从而确保教育创新策略的持续性和适应性。

在探索教学创新与科研结合的共生模式中，平台建设与资源共享是实现这一目标的关键。以斯坦福大学的 d. school 为例，该平台通过跨学科的项目和工作坊，鼓励教师将科研成果转化为实际的教学内容，从而促进了教学与科研的深度融合。根据教育生态学的理论，这种平台的建设可以看作教育生态系统中的一个"共生节点"，它不仅促进了知识的流动和创新，还为教师和学生提供了共同成长的环境。建立这样的平台，可以实现资源的优化配置，将科研项目中的数据集、实验设备和研究成果开放给教学使用，从而提高资源的使用效率和教学的实践性。此外，平台的建设还应包括在线协作工具和知识管理系统，以支持远程教育和科研合作，确保教学创新与科研结合的可持续发展。

在探索教学创新与科研结合的共生模式中，教师科研能力的提升是实现教育目标演变的关键。教师科研能力的提升不仅需要个人努力，更需要制度的支持和环境的优化。通过实施"教师研究者计划"，教师可以在教学中融入自己的科研项目，同时通过"教学研究小组"等形式，促进教师间的知识共享和经验交流。此外，利用大数据分析模型，可以对教师科研成果与教学创新的结合效果进行量化评估，从而为教师提供反馈，指导其持续改进教学方法。

在探索教学创新与科研结合的共生模式中，学生参与科研项目的引导与激励机制是关键一环。建立有效的激励机制，可以激发学生的创新精神和科研兴趣，从而促进教学与科研的深度融合。某高校实施的"本科生科研训练计划"，为学生提供了参与科研的机会，数据显示，参与该计划的学生在后续的研究生申请中，录取率提高了30%。此外，通过引入"导师制"和"项目制"相结合的模式，学生不仅能够获得一对一的指导，还能在实际科研项目中锻炼能力，这种模式已被证明能显著提升学生的科研参与度和满意度。同时，学校可以通过奖励和认证制度，如科研荣誉证书或学分认可，进一步激励学生积极参与科研活动，为教学创新与科研结合的共生模式提供有力支持。

在探索教学创新与科研结合的共生模式中，监测与调整机制是确保教育实践与科研成果有效融合的关键。建立一套科学的评估体系，可以对教学创新的成效进行量化分析，利用学生的学习成果数据、教师的教学反馈以及科研项目的产出等指标，来衡量教学创新与科研结合的实际效果。例如，可以采用"教学－科研协同度量表"来评估教师在教学中融入科研成果的程度，以及学生在科研项目中的参与度和学习成效。监测与调整机制的实施，还依赖于持续的反馈循环。这可以通过定期的教师和学生问卷调查、教学观察以及科研项目评审会议来实现。通过收集学生对教学内容和科研结合方式的反馈，教师可以及时调整教学策略，确保教学内容的前沿性和科研成果的实用性。同时，科研团队也应根据教学实践的反馈，调整科研方向和方法，以更好地服务于教学创新。在监测与调整机制中，数据分析模型的运用也不可或缺。可以采用"教学创新与科研结合效果评估模型"，该模型结合了教学创新的多维度指标和科研成果的转化效率，通过数据挖掘和统计分析，为教学创新提供决策支持。通过这样的模型，教育管理者可以清晰地看到哪些教学方法和科研项目结合得较好，哪些需要改进，从而实现教学创新与科研结合的动态优化。这种基于数据驱动的决策过程，有助于构建未来教育的新范式，确保教育实践始终与时俱进，充满活力。

随着技术的不断进步和教育理念的更新，教学创新与科研结合的未来趋势将更加注重个性化和智能化。这一趋势促使我们必须重新思考如何将教学创新与科研相结合，以适应数字化转型的需求。教育创新策略应鼓励教师和学生主动探索，将科研成果转化为教学内容，同时利用教育技术，如人工智能和大数据分析，来打造个性化学习路径，提高教育质量和效率。此外，建立教学与科研的共生模式，可以促进知识的流动和创新思维的培养，为学生提供一个更加动态的学习环境。

五、教研成果共享与传播机制的建立

教研成果是教育研究与实践相结合的产物，它不仅包括理论上的创新，还包括教学方法、课程设计、评估工具等方面的改进与优化。这些成果的价值在于能够直接提升教学质量和学习效果，进而促进教育公平和教育现代化。此外，教研成果的共享与传播，能够形成教育创新的良性循环，通过教研成果的共享，教师能够不断更新自己的教学理念和方法，从而更好地适应不断变化的教育需求。

在构建教研成果共享与传播的长效机制中，教师专业成长的途径是多维度的。首先，教研成果的共享能够为教师提供一个丰富的知识库，通过这个平台，教师可以接触到同行的优秀教学案例、创新的教学方法和最新的教育研究成果。一项针对美国教师的研究表明，那些经常参与教研活动的教师，在教学效果上比不参与的教师高出20%。这说明了教研成果共享对于提升教师教学能力的重要性。其次，教研成果共享机制的建立促进了教师之间的协作与交流。教师通过共享平台，可以跨越地理界限，与不同地区的教师进行讨论和合作，这种跨区域的教研合作模式，不仅能够拓宽教师的视野，还能够激发教师的创新思维。例如，一些教育机构建立在线教研社区，使得教师能够实时分享教学心得，相互点评教案，这种模式已经帮助数以千计的教师在教学方法和内容上取得了显著进步。此外，教研成果共享还能够为教师提供个性化发展的机会。通过共享平台，教师可以根据自己的需求和兴趣选择合适的学习资源，进行自我驱动的学习。这种基于需求的学习方式，能够更有效地促进教师的专业成长。根据加涅的学习结果分类理论，教师通过共享平台获取的多样化教学资源，能够帮助他们在知识、技能和态度三个层面实现全面发展。教研成果共享机制的建立还能够激发教师的自我反思和持续改进。教师在共享自己的教研成果的同时，也会接收到同行的反馈和建议，这种互动能够帮助教师认识到自己教学实践中的不足，从而进行有针对性的改进。

在当前教研成果传播的路径中，我们面临着信息过载与被侵权的问题。随着互联网技术的飞速发展，教研资源的数字化使得教师和研究者能够接触到前所未有的大量的信息。然而，这也导致了信息质量参差不齐，优质教研成果往往淹没在海量数据之中。一项针对学术期刊的研究表明，每年发表的教育类文章数量以指数级增长，但真正被广泛引用和应用的成果却较少。这种现象不仅浪费了宝贵的教育资源，也阻碍了教研成果的有效传播和应用。此外，教研成果的传播还受到知识产权保护不足的困扰。许多教研成果在传播过程中缺乏明确的版权归属和利益分配机制，导致原创者的权益无法得到充分保障，进而影响了教研人员分享成果的积极性。因此，构建一个既能保障原创者权益，又能促进教研成果广泛传播的长效机制，是当前教育研究领域亟待解决的问题。

在探讨教研成果共享与传播的长效机制中，分析成功案例与经验显得尤为重要。以芬兰教育体系为例，该国通过建立开放的教研平台，实现了教师间知识与经验的广泛共享。芬兰的教师享有高度的专业自主权，他们经常参与教研活动，分享教学实践和创新成果。这种模式不仅提升了教育质量，还促进了教师的专业成长。根据 OECD 的 PISA 评估，芬兰学生在阅读、数学和科学素养方面长期位居世界前列，这在很大程度上得益于其教研成果共享机制的成功实践。此外，我国的"互联网+教育"模式，通过数字化平台，如"中小学智慧教育平台"，中国成功地将优质教研资源传播到偏远地区，缩小了城乡教育差距。这种模式不仅提高了资源的利用率，还激发了教师的创新精神，推动了教育公平。美国的"教师研究网络"（TRN）也提供了一个有效的模式。TRN 通过建立教师研究小组，鼓励教师进行教学研究，并将成果通过网络平台分享给更广泛的教育社区。这种模式不仅促进了教师之间的合作与交流，还提高了教研成果的可见度和影响力。根据 TRN 的报告，参与研究的教师在教学实践和学生学习成效上都有显著提升。这表明，通过有效的传播机制，教研成果能够更好地服务于教育实践，推动教育创新。

　　共生理念在教育领域中，强调的是个体与个体、个体与集体，以及教育系统内部各要素之间的相互依存、相互促进和共同成长。在教研成果共享与传播的长效机制构建中，共生理念的内涵尤为重要。它不仅促进了教育资源的均衡分配，还推动了教育质量的整体提升。通过建立教研成果共享平台，教师们可以跨越地域限制，相互交流教学心得和创新实践，从而实现知识与经验的共同积累。共生理念的实践不仅限于教研成果的内部共享，还应拓展至与社会资源的整合与互动，如与出版社、教育科技公司等合作，将教研成果转化为更广泛的社会价值。共生理念还强调在教研成果共享与传播中注重版权保护与利益分配，确保教研人员的劳动成果得到合理回报。建立合理的激励机制，可以激发教师和教研人员的创造热情，促进教研成果的持续产出。同时，持续监测与优化传播效果，可以确保教研成果传播的效率和质量，从而实现教研成果的最大化利用。

　　在构建教研成果共享平台的过程中，数据的积累与分析是核心要素之一。通过收集和分析教师的教学实践数据、学生的学习反馈以及教研活动的成效数据，平台能够为教研成果的分类与标准化提供科学依据。利用大数据技术对教学案例进行标签化处理，可以实现快速检索和精准推荐，从而提高教研资源的使用效率。此外，平台的管理机制需要建立在激励与约束并重的基础上，以确保资源的持续更新和质量控制。引用彼得·德鲁克的管理理念，"管理的本质是激发和释放每一个人的善意"，在共享平台的管理中，管理者应通过激励机制鼓励教师积极贡献高质量的教研成果，同时通过规范化的管理确保平台内容的权威性和有效性。

在构建教研成果共享与传播的长效机制中，教研成果的分类与标准化是基础性工作，它不仅有助于提升教研成果的可检索性和可利用性，而且对于促进教研成果的广泛传播和应用具有重要意义。分类工作应基于教研成果的性质、内容和应用范围，将其划分为理论研究、教学设计、课程开发、教学方法创新等多个类别。标准化则要求教研成果在格式、描述、评价标准等方面达成共识，确保不同来源的教研成果能够被统一管理和有效比较。可以参考国际通用的教育资源分类标准，如IEEE LOM（Learning Object Metadata）标准，来制定适合本地教研环境的分类与标准化体系。通过这样的标准化工作，教研成果能够更好地被整合进共享平台，从而实现资源的最大化利用。此外，标准化的教研成果也便于教师进行质量控制和持续改进，可以采用柯氏四级培训评估模型来评价教研成果，正确反映教研成果的实效性和影响力。

在构建教研成果共享与传播的长效机制中，激励机制的设计与实施是关键环节。激励机制不仅能够激发教师和教研人员的创造性和积极性，还能促进教研成果的高质量产出和广泛传播。通过引入"积分奖励制度"，教师每发表一篇高质量的教研文章或参与一次成功的教研活动，即可获得相应的积分。这些积分可以兑换专业培训机会、教学资源或物质奖励，从而形成正向激励。根据行为经济学中的期望理论，当教师认为自己的努力能够带来预期的回报时，他们更有可能投入更多精力于教研工作中。此外，某些教育机构实施的"同行评审"机制，不仅提高了教研成果的质量，还通过公开透明的评价过程，增强了教师之间的相互学习和竞争，从而提升了整体教研水平。在设计激励机制时，还应考虑如何将教师的个人发展与教研成果的共享传播相结合，例如，通过建立"教研成果档案"，记录教师的教研贡献，并将其作为职称评定、职位晋升的重要依据，从而实现个人职业发展与教研成果共享的双赢。

在构建教研成果共享与传播的长效机制中，拓展与创新教研成果传播渠道是至关重要的一步。随着信息技术的飞速发展，传统的教研成果传播方式已不能满足现代教育的需求。利用互联网、社交媒体、在线教育平台等现代传播工具，可以极大地拓宽教研成果的覆盖面。通过建立在线教研社区，教师们可以实时分享和讨论教学经验，这种即时反馈和互动机制极大地促进了教研成果的传播和应用。此外，结合大数据分析，教师们可以对教研成果的传播效果进行量化评估，从而不断优化传播策略，确保教研成果能够精准地触及目标受众。教研成果数字化传播平台的搭建是构建教研成果共享与传播长效机制的关键一环。数字化平台能够突破传统教研成果传播的时空限制，实现资源的高效共享。平台的构建应基于用户友好的设计理念，确保教师和教研人员能够轻松上传、检索和分享资源。同时，平台应采用先进的数据分析模型，如协同过滤算法，来推荐相关教研资源，提升用户体验。此外，搭建平台时还应考虑版权保护机制，确保教研成果的合法使用和传播，避免侵权行为的发生。通过这样的数字化传播平台，教研成果能够得到更广泛的传播和应用，从而推动教育质量的整体提升。如开放获取（Open Access）运动，通过制定相应的政策和协议，确保教研成果的原创者能够得到合理的回报，同时促进教研成果的广泛传播。通过这样的机制，教研成果能够得到社会资源的有效支持，同时保障教研人员的权益，实现教研成果的可持续发展。

在教研成果共享与传播的长效机制构建中，版权保护与利益分配是不可忽视的关键环节。教研成果，如教案、教学视频、学术论文等，是教师和教研人员智慧与劳动的结晶，其知识产权应当得到充分尊重和保护。根据世界知识产权组织的数据，2019 年全球版权产业对 GDP 的贡献率平均为 6.1%，这凸显了知识产权在经济活动中的重要性。因此，建立一个明确的版权归属和利益分配机制，不仅能够激励创作者的创新热情，还能促进教研成果的合法传播和应用。在实际操作中，教研成果的版权保护与利益分配需要一个细致的分析模型来确保公平合理。可以采用"利益相关者分析模型"来识别和平衡各方利益，包括创作者、教育机构、传播平台以及最终用户。在这一模型下，各方的权利和义务将被明确界定，确保教研成果的使用和传播不会侵犯原创者的合法权益。同时，通过合同和协议来规定版权使用费的分配比例，确保创作者能够从其成果的传播中获得应有的经济回报。案例研究显示，一些成功的教研成果共享平台，如美国的"教师共享网络"，通过建立透明的版权管理和利益分配机制，有效地促进了教研成果的广泛传播。该平台不仅为教师提供了一个展示和分享教学资源的平台，还通过版权许可协议确保了教师的知识产权得到保护，并通过广告、订阅等模式为教师带来了额外的收入。这种模式的成功，为我国构建教研成果共享与传播的长效机制提供了宝贵的参考。

六、教师专业成长的共生路径

教师专业成长是一个持续的、动态的过程，它不仅涉及教师知识和技能的积累，还包括教师个人信念、价值观的不断更新。根据哈格里夫斯（Hargreaves）和富兰（Fullan）的研究，教师专业成长可以被理解为一个"变革的螺旋"，在这个螺旋中，教师通过不断的自我反思、实践探索和同伴互助，实现个人教学理念的深化和教学行为的创新。一项针对美国教师的研究显示，那些参与了持续专业发展计划的教师，在学生的学习成效上取得了显著的提升。这表明，教师专业成长不仅对教师个人发展至关重要，也对提高教育质量和学生学习成果具有深远的影响。教师专业成长不仅关乎个人职业发展，更是教育质量提升的关键。

终身学习的理念是推动教师不断进步的核心动力。正如孔子所言："学而不厌，诲人不倦。"教师必须持续地追求知识更新和技能提升，以适应教育领域的快速变化。根据国际教育成就评估协会（IEA）的报告，教师的专业发展活动与学生的学习成效之间存在显著的正相关关系。因此，教师应积极参与各种形式的继续教育活动，如研讨会、工作坊、在线课程等，以保持其教学方法的现代性和有效性。此外，教师还应通过反思实践，不断优化教学策略。使用约翰·杜威的反思行动模型，通过"思考行动—行动思考"的循环，教师可以系统地回顾和评估自己的教学实践，从而实现教学方法的持续改进。通过这些方式，教师不仅能够提升个人专业素养，还能更好地满足学生的学习需求，实现与学生共同成长的教育之旅。反思实践的深化是推动教师不断进步的关键动力。通过定期的自我反思，教师能够识别和分析教学实践中的成功与不足，从而调整和优化教学策略。一项针对教师反思实践的研究表明，那些定期进行教学日志记录和同行评议的教师，在教学效果和学生学习成就上往往有更显著的提升。此外，教师可以通过案例研究、行动研究等方法，将理论与实践相结合，深化对教育现象的理解，进而提升自身的专业素养和教学能力。

在探讨教师专业成长的共生路径中，师生互动与共同发展的策略显得尤为重要。教师与学生之间的互动不仅能够促进知识的传递，更能激发双方的共同进步。通过构建以学生为中心的课堂环境，教师可以运用布鲁纳的发现学习理论，鼓励学生主动探索和解决问题，从而培养学生的批判性思维和创新能力。一项针对美国多所学校的调查研究显示，那些实施了以学生为中心的教学方法的班级，学生的参与度和学习成效均有所提高。此外，教师可以采用维果茨基的最近发展区理论，通过与学生的互动，了解学生的实际发展水平和潜在发展水平之间的差距，进而提供适当的指导和支持。在实践中，教师可以设计合作学习活动，让学生在小组中相互教学，这样不仅能够加深学生对知识的理解，还能促进学生之间的社会交往能力。一项在小学数学课堂中实施的合作学习项目表明，通过小组合作解决问题，学生的数学成绩和团队合作能力都有显著提升。教师在与学生互动的过程中，还应注重情感的交流和价值观的传递。教师的言行对学生有着深远的影响，因此，教师需要通过建立积极的师生关系，为学生树立正面的榜样。

在教师专业成长的共生路径中，引导学生个性化学习是教师角色转变和专业能力提升的重要体现。个性化学习强调尊重每个学生的独特性，满足其不同的学习需求和兴趣。根据霍华德·加德纳的多元智能理论，学生在语言、逻辑、空间、运动、音乐、人际、内省和自然等不同智能领域表现出不同的潜能。教师应通过观察和评估，识别学生的强项和兴趣点，设计符合其智能特点的教学活动。一项针对个性化学习的研究表明，当学生在学习过程中能够自主选择学习内容和方式时，其学习动机和成效显著提高。因此，教师在课堂上可以采用项目式学习、翻转课堂等教学模式，让学生在探索和实践中发展个性化的学习路径。

　　教师在引导学生个性化学习的过程中，也扮演着情感支持者的角色。通过关注每个学生的兴趣和需求，教师能够帮助学生在学习中找到乐趣，从而激发内在动机，增强学习的积极情感体验。采用多元智能理论的教育模式，教师可以设计多样化的教学活动，让不同特长的学生都能在自己擅长的领域中获得成功体验，进而增强自尊和自信。在此过程中，教师的耐心、鼓励和适时的引导对于学生克服挑战、建立积极的社会交往模式至关重要。

　　根据霍桑效应，当学生感受到教师的关注和重视时，他们的行为和表现往往会得到显著改善。一项针对小学课堂的研究表明，教师通过积极的反馈和鼓励，能够显著提高学生的自信心和参与度，从而提升整体的教学效果。

　　在探讨教师专业成长的共生路径时，教师的团队协作显得尤为重要。团队协作不仅能够提升教师个体的专业技能，还能促进整个教育团队的创新与进步。根据社会心理学家库尔特·勒温的群体动力理论，团队中的互动和沟通是推动团队发展的关键因素。在教师团队中，成员间的有效沟通能够促进知识和经验的共享，从而提高教学质量和学生的学习成效。一项针对教师团队合作的研究表明，当教师们定期进行集体备课和教学反思时，他们能够更快地识别和解决教学中的问题，同时也能更好地满足学生的个性化学习需求。教师团队协作的心理学基础涉及信任和尊重的建立。正如心理学家亚伯拉罕·马斯洛的需求层次理论所指出的，尊重和自我实现是人类的基本需求。在教师团队中，当成员之间建立了相互尊重和信任的关系，他们会更愿意分享自己的教学方法和创新思路，从而形成一个支持性的学习环境。通过定期的教师工作坊和研讨会，教师们可以相互学习，共同探讨如何在课堂上应用新的教育理念和技术，从而实现共同进步。在教师团队协作的心理学基础中，冲突解决技巧与沟通技巧同样不可或缺。冲突是团队协作中不可避免的现象，但通过有效的沟通和冲突解决策略，可以将冲突转化为团队发展的动力。心理学家肯尼斯·托马斯和拉尔夫·基尔曼提出的冲突模型，为教师团队提供了解决冲突的框架。在这个模型中，团队成员可以采用竞争、合作、妥协、回避或适应等不同的策略来处理冲突，从而达到团队和谐与共同成长的目标。当教师团队在课程设计上出现分歧时，可以通过合作和妥协的方式，找到一个既满足学生需求又符合教师教学理念的解决方案。

教师对学校文化内涵的认知与实践是教师专业成长的重要组成部分。学校文化不仅包括学校的传统、价值观和行为规范，还涵盖了教育理念、教学方法和师生互动模式等。一所注重创新和批判性思维的学校，其文化内涵可能鼓励教师采用项目式学习和探究式教学，以培养学生的独立思考能力。在实践中，教师通过参与学校文化活动，如教学研讨会、工作坊和校内外的教育交流，不断深化对学校文化的理解，并将这些理念融入日常教学中。一项针对 10 所不同学校的调查研究显示，那些积极参与学校文化建设的教师，其专业成长速度比其他教师快30%。这表明，教师与学校文化的融合不仅有助于提升教学质量，还能促进教师个人的专业发展。学校文化传承与创新是教师的重要责任。教师不仅是知识的传递者，更是学校文化的守护者和创新者。他们通过日常的教学活动，将学校的价值观、传统和精神融入学生的心灵深处。一所拥有百年历史的学校，其教师可能会通过讲述学校历史、展示校史资料、组织传统节日庆典等方式，让学生感受到学校文化的深厚底蕴。在探讨教师个人价值与学校文化理念的融合路径时，不得不提及教师如何通过终身学习和反思实践来实现这一目标。根据美国教育心理学家布鲁巴克的观点，教师应当成为"终身学习者"，不断更新知识和技能，以适应教育环境的变化。这种持续的专业发展不仅有助于教师个人成长，而且能够促进学校文化的进步。学校文化是教师共同价值观、信念和行为准则的体现，它为教师提供了认同感和归属感。教师在与学生共生成长的过程中，也要进行体现个人价值与学校文化的融合。通过师生互动，教师可以了解学生的个性化需求，并引导学生进行创新思维的培养。斯坦福大学教授卡罗尔·德韦克提出"成长型心态"理论，鼓励教师在教学中强调努力和学习过程的重要性，而非仅仅关注结果。这种心态的培养有助于学生形成积极的学习态度，同时也反映了学校文化中对个人成长和持续进步的重视。教师通过这样的教学实践，不仅促进了学生的全面发展，也使自己的教学方法与学校的教育理念相契合。教师在与教育政策和社会环境的互动中，也应积极寻求个人价值与学校文化的融合。教师需要理解并适应教育政策的变化，同时在社会环境中寻找专业成长的机会。通过参与社区服务和公共教育项目，教师可以将学校的价值观传播到更广泛的社会领域，同时也能从社会实践中获得新的教学灵感和资源。这种双向互动不仅丰富了教师的教育经验，也使学校文化在更广阔的社会背景下得到认可和弘扬。

在探讨教育政策与教师专业成长的关系时，还涉及教育政策对教师职业发展路径的深远影响。教育政策不仅为教师的专业成长提供了框架和方向，而且在很大程度上塑造了教师的工作环境和职业前景。我国实行教师资格证"持证上岗"制度，给教师职业设置了一定的准入门槛，促使教师必须通过严格的考核，这无疑提升了教师队伍的整体素质。同时，相关政策中关于教师继续教育的规定，如《中华人民共和国教师法》中对教师培养和培训的要求，确保了教师能够持续更新知识和技能，与时代发展同步。教育政策的制定和执行效果与教师专业成长的关联性分析，可以借助于赫茨伯格的双因素理论。该理论认为，工作满意度和不满意度并非由同一因素引起，而是激励因素和保健因素共同作用的结果。在教育政策的背景下，激励因素可能包括教师专业发展的机会、职业晋升的路径等，而保健因素则可能涉及工资待遇、工作条件等。政策制定者需要平衡这两类因素，以促进教师的专业成长和职业满意度。

一些地区通过实施教师绩效工资制度，将教师的薪酬与其教学效果和学生表现挂钩，这种政策的实施在一定程度上激发了教师的积极性和创新性，促进了教师专业成长。然而，也有批评声音指出，过度强调绩效可能导致教师过分关注短期成绩，而忽视了教育的长远目标和学生的全面发展。因此，教育政策在推动教师专业成长的同时，也应注重平衡短期与长期目标，确保教师成长路径的可持续性。教师作为教育实践的直接参与者，他们的专业见解和经验对于制定出符合实际需求的教育政策至关重要。一项针对美国教育改革的研究显示，教师参与政策制定过程可以显著提高政策的实施效果，因为教师能够提供一线的视角，帮助政策制定者更好地理解教育实践中的挑战和需求。教师专业成长的评估机制也应与政策制定相结合，通过建立有效的反馈循环，确保教师的声音被听到，并在政策中得到体现。

在教师专业成长的共生路径中，教育政策的变迁无疑对教师职业生涯规划产生了深远的影响。随着教育改革的不断深入，政策导向从传统的知识传授转向了能力培养和创新思维的激发，这要求教师不仅要有扎实的专业知识，还要具备引导学生个性化学习和创新实践的能力。我国自推行"新课程改革"以来，强调了学生核心素养的培养，这促使教师在职业生涯规划中更加注重自身教学方法的创新和学生能力的全面发展。教师需要通过终身学习，不断更新自己的知识结构，以适应政策变化带来的新要求。同时，教育政策的调整也带来了教师评价体系的变革，传统的以考试成绩为主的评价方式逐渐被多元化的评价体系所取代，这要求教师在职业生涯规划中更加重视自我反思和专业成长。教师专业成长与教育政策执行效果之间存在着密切的相互作用。教育政策为教师提供了专业发展的框架和资源，而教师的成长又直接影响政策的实施效果。一项旨在提升教师教学能力的政策，若能通过提供持续的专业培训、教学资源和时间支持，将有效促进教师的专业成长。根据美国教育协会的研究，教师专业发展投入每增加10%，学生的学习成绩平均提高6%。这表明，教育政策通过投资于教师专业成长，能够显著提升教育质量。

在教师专业成长的共生路径中，教师职业角色与社会期望的协调也很重要。随着社会的快速发展，教育领域不断面临新的挑战和变革，教师的角色也在不断地被重新定义。社会期望教师不仅传授知识，更要求他们成为学生情感与社会性发展的引导者、创新思维的培养者以及终身学习的榜样。根据2019年的一项调查，超过70%的家长希望教师能够更多地关注学生的情感和心理健康，而不仅仅是知识成绩。这要求教师在专业成长的过程中，不断调整自己的教学方法和策略，以满足社会的多元需求。教师需要通过终身学习，不断更新自己的知识体系，同时深化反思实践，以确保教学活动与社会期望保持一致。此外，教师与学生共生成长的途径，如师生互动、个性化学习引导等，也是教师在实现职业角色与社会期望协调中不可或缺的环节。通过这些共生路径，教师能够更好地适应社会变迁，提升专业适应性，最终实现个人价值与社会期望的和谐统一。

在探讨教师如何在社区参与中实现专业成长时，社区资源的丰富性和多样性为教师提供了广阔的成长平台。社区参与不仅能够拓宽教师的视野，还能促进其教学实践的创新。通过与社区组织合作，教师可以将社区的历史、文化、经济等元素融入课程设计中，使学生的学习更加贴近实际，更具现实意义。根据一项研究，教师在社区参与项目中，其教学内容的创新度提高了30%，学生的学习动机和参与度也相应提升。此外，社区参与还能帮助教师建立更为广泛的社会联系，通过与家长、社区负责人和其他专业人士的互动，教师能够获得宝贵的反馈和建议，从而不断调整和优化自己的教学方法。社区参与还为教师提供了专业成长的实践机会。教师可以参与社区教育项目，如成人教育课程、社区健康讲座等，这些活动不仅能够提升教师的公共演讲能力和项目管理能力，还能加深教师对社会问题的理解。在社区服务中，教师可以运用自己的专业知识，如心理学、社会学等，为社区成员提供咨询和支持，这种跨领域的实践有助于教师形成更为全面和深入的专业知识体系。

在教师专业成长的共生路径中，教师专业形象与社会认同的塑造是至关重要的环节。教师不仅是知识的传递者，更是社会价值观的塑造者和传播者。一项针对教师专业形象的调查研究显示，家长和学生更倾向于信任那些能够展现同情心、公正无私以及持续专业发展的教师。因此，教师在日常教学中应积极展现这些品质，以增强社会对教师职业的尊重和信任。此外，教师专业形象的塑造也与社会认同紧密相关。社会认同理论指出，个体的自我概念部分来源于他们所属群体的特征。因此，教师应通过参与社区服务、教育改革项目以及公共教育活动，积极融入社会，展现教师群体的社会责任感和贡献。通过参与"教师进社区"项目，教师可以与社区居民进行互动，分享教育经验，解决社区教育问题，从而在社区中树立积极的教师形象。这种参与不仅能够提升教师的社会地位，还能促进社会对教师职业的认同和支持。在塑造教师专业形象与社会认同的过程中，教师还应注重自我反思与持续学习。教师应将教育视为一种终身学习的过程，不断更新教育理念和教学方法，以适应社会的不断变化。通过参与专业发展研讨会、教育研究和学术交流，教师可以提升自己的专业素养，进而提高社会对教师职业的尊重和认可。同时，教师应积极利用现代信息技术，如社交媒体和在线教育平台，来扩大自己的影响力，与更广泛的公众进行互动，分享教育见解，从而在更广阔的范围内塑造积极的教师形象。

在社会文化多元化的背景下，教师还应致力于促进包容性教育，尊重并融合不同文化背景的学生。通过实施差异化教学策略，教师可以满足不同学生的学习需求，促进学生之间的相互理解和尊重。根据多元智能理论，教师可以设计多样化的教学活动，让每个学生都能在自己擅长的领域中发光发热。这种策略不仅有助于学生个人的成长，也有助于构建和谐的校园文化，为学生未来在多元社会中的生活打下坚实的基础。

在教师专业成长的评估机制中，可以采用量化与质化相结合的方法。数据收集和分析，例如学生的学习成绩、课堂观察记录、教师自我反思报告等，可以为教师的专业成长提供客观的评价依据。采用柯在四级培训评估模型，从反应、学习、行为和结果四个层面来衡量教师培训和专业发展的效果。此外，案例研究可以揭示教师在特定情境下的专业成长路径，如某位教师如何通过参与学校文化建设项目，提升了自身的教学理念和实践能力。在教师专业成长的共生路径中，激励机制的建立

与实施是推动教师持续进步的关键因素。一个有效的激励机制应当基于
对教师个人成长需求的深刻理解，并结合学校文化、教育政策以及社会
环境来综合考量。实施基于绩效的奖励系统，可以将教师的教学成果、
学生的学习情况以及对学校文化的贡献纳入评价体系，从而激发教师的
内在动力。根据弗洛姆的期望理论，当教师相信他们的努力能够带来预
期的奖励时，他们更有可能展现出高水平的工作绩效。此外，案例研究
显示，教师专业学习社群的建立能够促进教师间的互助合作，通过共享
知识和经验，教师能够获得专业成长的直接支持，进而提高教学质量和
学生学习成效。因此，激励机制的建立应注重教师个人发展与团队合作
的平衡，同时，通过定期的反馈和评估，确保激励措施能够及时调整，
以适应教育环境的变化和教师成长的需求。

第四章

青年教师如何融入共生教研

一、深入理解共生教研的理念与价值

共生教研作为一种新兴的教育理念，强调教师群体内部以及教师与学生之间的相互依存、共同成长。它倡导的是一种合作与共享的文化，旨在打破传统教育中教师个体孤立工作的模式，通过集体智慧的汇聚，实现教育资源的最大化利用和教育质量的提升。在共生教研的框架下，青年教师的角色不再局限于知识的传递者，而是转变为学习者、研究者和创新者。他们通过与同行的协作，共同探讨教学方法，分享教学经验，从而在实践中不断成长。例如，某校实施的"教师成长小组"项目，通过定期的研讨和教学观摩，促进了青年教师之间的互助合作，有效提升了他们的教学技能和课堂管理能力。这种模式不仅增强了教师之间的凝聚力，也为学生创造了更加丰富和多元的学习环境。共生教研强调的是教师之间的合作与共享，它倡导教师群体在教学实践中相互支持、共同进步，这与传统教研模式中教师个体独立、竞争激烈的环境形成鲜明对比。传统教研模式下，教师往往独自备课、授课，而共生教研则鼓励教师通过团队合作，共同设计课程、分享教学资源，从而实现知识与经验的交流与分享。这种模式不仅促进了教师专业成长，还提升了学生的学习体验和成果。共生教研模式与传统教研模式在教学策略和方法上也存在本质区别。共生教研倡导创新教学方法，如项目式学习、合作学习等，这些方法能够促进学生全面发展，而传统教研模式则更多依赖于讲授式教学。在共生教研中，信息技术的运用被看作优化教学过程的关键，它能够打破时间和空间的限制，为教师和学生提供更加丰富和个性化的学习资源。通过在线协作平台，教师可以实时分享教学材料，学生可以进行远程合作，这种模式在疫情期间得到了广泛应用，并证明了其有效性。

　　在当前教育环境中，青年教师正面临着前所未有的挑战与机遇。随着教育改革的不断深入，青年教师群体在共生教研理念的指导下，正逐渐成为推动教育创新的重要力量。根据教育部发布的数据，青年教师占教师总数的比例逐年上升，他们通常拥有较为扎实的理论基础和对新技术的快速适应能力。然而，他们也面临着经验不足、资源有限以及与资深教师之间较大的知识与技能差距等挑战。一项针对青年教师的调查显示，超过60%的青年教师表示在课堂管理与学生互动方面感到不自信。共生教研模式提倡教师间的互助合作，鼓励青年教师在团队中找到自己的定位，通过与资深教师的协作，共同提升教学技能和专业素养。在共生教研的框架下，青年教师迎来了前所未有的成长机遇。共生教研理念强调的是教师之间的相互学习、共同进步，这为青年教师提供了与资深教师交流的平台，促进了知识与经验的共享。通过参与教研团队的协作项目，青年教师能够迅速掌握先进的教学方法和策略，如案例教学法、翻转课堂等，这些方法已被证明能有效提升学生的学习兴趣和参与度。

　　共生教研理念根植于教育哲学的深厚土壤，强调教育过程中师生、生生之间的相互依存与共同成长。在这一理念的指导下，青年教师的角色不再局限于知识的传递者，而是转变为学习的促进者、合作者和反思者。根据约翰·杜威的实用主义教育哲学，教育应当是"生活本身"的一部分，青年教师通过共生教研，可以更好地将理论与实践相结合，促进学生在真实情景中的学习体验。例如，在共生教研的实践中，青年教师，可以借鉴案例教学法，将真实世界的问题带入课堂，激发学生的批判性思维和解决问题的能力。此外，通过共生教研，青年教师还能够借助多元智能理论，识别并发展学生的不同潜能，从而实现个性化教学。在这一过程中，青年教师自身也应通过反思和实践，不断更新教育观念，提升教学技能，最终实现专业成长与自我价值的实现。在共生教研理念的指导下，教学实践不再局限于传统的单向知识传授，而是转变为一个多元互动、共同成长的过程。某中学实施的"同伴教学法"就是一个典型的共生教研实践案例。在这个案例中，教师们通过小组合作，共同设计课程内容和教学策略，实现了知识与经验的共享。数据显示，采用这种模式后，学生的学习成绩提高了15%，同时教师的教学满意度也显著提升。这种模式体现了共生教研理念的核心价值，即通过教师间的合作与交流，促进教学相长，实现教育生态的和谐共生。

共生教研理念应用在教学实践中还体现在对信息技术的充分利用上。以翻转课堂为例，这种教学模式要求教师在课前制作或筛选教学视频，让学生在家自学，课堂时间则用于讨论、答疑和深化理解。这种模式不仅提高了课堂效率，还促进了学生自主学习能力的提升。这表明，共生教研理念通过创新教学方法，能够有效促进学生全面发展。在共生教研的实践中，教师的角色也发生了转变，教师与学生共同构建学习环境，共同面对挑战，共同分享成功。这种教学模式不仅提升了教师的专业技能，也加深了教师对教育事业的情感投入，从而在教学实践中实现了教师与学生、教师与教师之间的共生共荣。

在共生教研环境中，青年教师的角色认知是多维度的，既包括对自身角色的深刻理解，也包括对共生教研理念的认同与实践。青年教师作为教育创新的生力军，他们的角色认知直接影响到共生教研的成效和教育改革的深度。青年教师需要认识到自己不仅是知识的传递者，更是学习者、研究者和创新者。他们应积极参与教研活动，通过与资深教师的合作，共同探讨教学策略，实现知识与经验的共享。青年教师在参与共生教研的心理准备过程中，首先需要认识到共生教研理念的核心价值，即通过教师间的合作与共享，促进教育质量的整体提升。根据教育心理学的研究，教师在使用新教学模式前，往往伴随着不确定性和焦虑感。因此，青年教师必须建立积极的心态，将这种压力转化为期待和动力。一项针对教师适应新教学模式的研究表明，那些能够积极调整心态、主动寻求支持的教师，更有可能在新环境中取得成功。其次，在面对挑战与机遇并存的教育环境时，青年教师需要具备开放的心态和持续学习的意愿。通过参与共生教研，青年教师可以借助团队的力量，共同解决教学中的难题，实现个人与集体的共同成长。一项关于教师团队合作的研究发现，教师在团队中通过相互学习和协作，能够有效提高教学效果和职业满意度。青年教师应将这种团队精神内化为个人的教学信念，从而在共生教研中找到自己的定位，并为团队贡献自己的创新思维。青年教师在心理准备上还应认识到，共生教研为他们提供了专业成长的平台。在这一过程中，青年教师需要不断更新知识、提升能力，并塑造积极的情感态度与价值观。通过参与共生教研，青年教师可以实现从知识的传授者到学习的引导者的转变，从而在教学实践中不断探索和创新。

　　在共生教研的环境中，青年教师与团队沟通的策略与方法是实现教育创新和专业成长的关键。首先，青年教师应积极采用开放的沟通态度，倾听团队成员的意见和建议，这不仅有助于建立互信，还能促进知识和经验的共享。根据一项针对教育团队合作的研究，团队成员间的有效沟通可以提高教学效率高达 30%。青年教师可以运用情境领导理论来调整自己的沟通方式，根据团队成员的成熟度和任务需求灵活运用指导、支持、参与或授权等不同的领导风格。此外，利用现代信息技术，如教育协作平台和社交媒体工具，青年教师可以跨越时空限制，与团队成员进行更频繁和深入的交流。案例研究显示，通过在线协作工具，教师团队能够更快地完成课程设计和教学资源的共享，从而提升教学质量。青年教师还应学会运用批判性思维来分析团队沟通中的问题，并提出建设性的解决方案。通过这些策略与方法，青年教师不仅能够更好地融入共生教研环境，还能在团队中发挥积极的作用，促进个人和团队的共同成长。

在共生教研的环境中，青年教师的专业成长不再是一个孤立的过程，而是一个与同事、学生和教育环境紧密相连的共生过程。通过参与共生教研，青年教师能够获得宝贵的合作经验，这种经验是传统教研模式难以提供的。根据一项针对教师专业发展的研究，那些在教研团队中积极互动的教师，其教学技能和课堂管理能力的提升速度，比单独工作的教师快30%。在情感态度与价值观的塑造方面，共生教研为青年教师提供了一个反思和自我提升的平台。通过与团队成员的深入交流，青年教师能够更好地理解教育的深层意义，形成积极的教育态度和价值观。这种情感态度的培养，对于青年教师至关重要，能使他们在面对教育挑战时保持韧性和动力。同时，共生教研也鼓励青年教师在教学中融入创新思维，通过案例分析、教学实验等方式，不断探索和实践新的教学策略。这种创新不仅能够激发学生的学习兴趣，也能够帮助青年教师在教育领域中脱颖而出，实现自我价值。

青年教师作为教育创新的生力军，其思维创新的能力尤为重要。他们通常对新技术和新理念的接受度较高，能够快速适应并融入共生教研的模式中。通过引入翻转课堂，青年教师可以利用信息技术优化教学过程，从而提高学生的学习效率和参与度。根据一项研究，翻转课堂能够使学生的学习成绩提高 10% 至 20%。此外，青年教师可以运用案例教学法，结合真实世界的问题，激发学生的批判性思维和解决问题的能力。在共生教研的实践中，青年教师还应积极与资深教师协作，通过跨学科合作与交流策略，共同开发新的教学内容和方法。例如，数学与艺术相结合的跨学科项目，不仅能够丰富学生的学习体验，还能促进学生对数学概念的深入理解。在这一过程中，青年教师可以利用自身的活力和创新精神，提出新颖的教学方案，为传统教学注入新的活力。同时，通过团队合作，青年教师可以学习资深教师的经验，形成互补，共同推动教学创新。青年教师在共生教研中展现创新思维，还体现在他们对教育理论的深入理解和应用上。青年教师可以运用分析模型，如布鲁姆的教育目标分类法，设计不同层次的教学活动，满足学生多样化的学习需求。通过这样的教学策略，青年教师不仅能够促进学生的全面发展，也能够实现自身的专业成长和创新思维的提升。

在共生教研的框架下，青年教师的专业成长路径呈现出多元化和动态发展的特点。研究表明，教师在教学实践中的反思和同伴互助是促进专业成长的关键因素。一项针对教师专业发展的研究指出，教师通过定期的反思和同伴评议，其教学技能和课堂管理能力平均提升了30%。青年教师通过参与教学案例分析、课堂观察和教学研讨，能够获得即时反馈和深入的同行评议，从而加速其专业技能的提升。青年教师在共生教研中的成长路径也与他们的个人职业规划紧密相关。青年教师应将共生教研视为自我实现和职业发展的平台，通过参与跨学科的项目和研究，拓宽知识视野，增强跨学科教学能力。案例分析显示，那些积极参与跨学科合作的青年教师，在教学创新和学生满意度方面取得了显著成效，其教学创新指数比传统教学模式下的教师高出 25%。在专业成长的道路上，青年教师还应注重情感态度与价值观的塑造。共生教研强调教师间的相互尊重和合作精神，这不仅有助于构建积极的教研文化，也能促进教师个人的情感发展。一项关于教师情感态度的研究发现，那些在共生教研环境中成长起来的教师，其学生的学习动机和参与度普遍较高，这表明教师的情感态度直接影响了教学效果。青年教师在共生教研中的专业成长路径还应包括知识更新与能力提升。在快速变化的教育环境中，教师需要不断学习新的教育理论和教学技术。通过参加工作坊、在线课程和学术会议，青年教师可以及时更新自己的知识库，掌握最新的教育工具和方法。利用信息技术优化教学过程，不仅能够提高教学效率，还能促进学生主动学习。一项关于教育技术应用的研究表明，教师在使用互动白板和在线协作平台后，其教学互动性和学生参与度分别提高了 40% 和 35%。

在教育改革的浪潮中，共生教研作为一种创新的教学研究模式，正逐渐成为推动教育进步的重要力量。共生教研在教育改革中的作用还体现在其对教育公平的促进上。共生教研可以实现优质教育资源的共享，缩小城乡、区域之间的教育差距。利用信息技术，教师可以跨越地理界限，进行远程教研活动，这不仅提高了资源的利用效率，也使得偏远地区的学生能够享受到与城市学生同等质量的教育资源。只有在深入理解共生教研的理念与价值的基础上，青年教师才能在其框架中获得更好的发展。

二、培养积极的教研共同体参与意识

教研共同体是指一群拥有共同兴趣和教育目标的教师，通过合作与交流，一起提升教学实践和专业发展能力的社群。它不仅是一个知识共享的平台，更是一个促进教师专业成长和创新教学方法的孵化器。根据哈格里夫斯和富兰的研究，教师之间的合作能够显著提高教学质量和学生的学习成效。美国的"教学研究小组"通过定期的研讨和反思，成功地提升了教师的教学技能和学生的学习成果。教研共同体的价值在于它能够通过集体智慧，解决教育实践中的难题，促进教育公平，并且激发教师的内在动机，使教师从"教书匠"成长为"教育家"。在教育创新的浪潮中，教研共同体扮演着至关重要的角色。它不仅为教师提供了一个共享知识、经验和资源的平台，而且通过集体智慧的汇聚，促进了教学方法和教育理念的革新。根据一项对多所学校的调查研究，那些拥有活跃教研共同体的学校，在学生创新能力和批判性思维的培养上，比缺乏教研共同体的学校高出30%。这表明，教研共同体在推动教育创新方面具有显著的正向效应。教研共同体通过促进教师之间的协作与交流，帮助教师跳出个人教学的局限，从更广阔的视角审视和改进教学实践。社会学习理论强调模仿和观察学习的重要性，教研共同体正是这一理论在教育实践中的具体体现。教师在共同体中通过观察同行的教学行为，学习新的教学策略，并在自己的课堂上进行尝试和改进。这种基于实践的学习模式，不仅增强了教师的自我效能感，也促进了教育创新的持续发展。教研共同体还能够为教师提供专业成长的机会，通过定期的研讨会、工作坊和研究项目，教师能够不断更新自己的知识库，掌握最新的教育技术。某教育机构通过建立教研共同体，成功地将项目式学习引入课堂，这一创新教学模式不仅提高了学生的参与度，也显著提升了他们的问题解决能力。正是通过教育创新，教研共同体使学习成为一种富有意义和活力的生活方式。

当前教师参与教研活动的态度呈现出一种复杂多变的态势。据调查，约有60%的教师表示他们对参与教研活动持积极态度，认为这是提升教学质量、促进个人专业成长的重要途径；然而，也有相当一部分教师（约40%）对教研活动持保留或消极态度，他们认为教研活动耗时且与日常教学工作脱节，难以看到直接的教学效果。这种态度的差异，部分原因在于教师个体的教学经验差异、学校文化环境的影响以及教研活动的设计和实施方式。一项针对小学教师的研究表明，那些在教研活动中能够得到同伴支持和领导认可的教师，更有可能积极参与并从中受益。这与社会学习理论中的观察学习和模仿学习相吻合，强调了积极的教研文化与环境对于激发教师参与意识的重要性。因此，培养积极的教研共同体参与意识，需要从教师的实际需求出发，设计符合教师发展需求的教研活动，以提升教师的自我效能感，从而促进教师积极参与教研活动，共同推动教育创新。根据一项针对中小学教师的调查，超过60%的教师表示，繁重的教学任务和日常行政工作占据了他们大部分时间，使得他们难以抽出时间参与教研活动。此外，资源的匮乏也是一个不容忽视的问题。在一些地区，教师缺乏必要的教学材料和信息技术支持，这直接影响了他们参与教研活动的积极性和效率。缺乏高质量的教育软件和网络资源，使得教师难以开展基于技术的教研活动。社会文化背景和学校环境对教师参与教研活动的影响也不容小觑。社会文化背景决定了教师对于教研活动的价值观念和行为模式。在一些地区，由于传统观念的影响，教师可能更倾向于独立工作而非集体合作，这在一定程度上抑制了教研共同体的形成。同时，学校环境，包括学校领导的支持、同事间的合作氛围以及教研活动的组织形式，都会对教师的参与度产生影响。学校如果能够提供明确的教研目标和足够的支持，教师参与教研活动的积极性将得到显著提升。反之，如果学校环境缺乏支持和鼓励，教师可能会感到孤立无援，从而减少对教研活动的投入。

在培养积极的教研共同体参与意识的过程中，教育心理学视角下的参与动机是关键因素之一。根据维果茨基的社会文化理论，教师的参与动机不仅受到个人认知发展水平的影响，还与社会互动和文化环境紧密相关。一项针对教师参与教研活动的调查研究显示，当教师感受到来自同行的支持和认可时，他们的自我效能感和参与动机显著提高。这表明，建立一个积极的教研文化，能够促进教师之间的相互学习和合作，从而激发教师的内在动机。此外，根据班杜拉的社会学习理论，教师通过观察他人的行为、态度和结果，可以学习到新的教学策略和技能。在某项研究中，教师通过观看同事的课堂录像，学习到了如何更有效地管理课堂和促进学生参与。这种观察学习不仅限于直接的示范，还包括通过网络平台分享的优秀教学案例，跨越时间和空间的限制，让更多的教师受益。在教研共同体中，社会学习理论的应用还体现在对教师自我效能感的提升上。自我效能感是指个体对自己完成特定任务的能力的主观判断。教师在共同体中通过成功的教学实践、同伴的鼓励和反馈，以及领导的支持，可以增强对自己教学能力的信心。一项针对教师自我效能感的研究表明，那些参与了定期教研活动的教师，其自我效能感显著高于那些没有参与的教师。这种自我效能感的提升，反过来又促进了教师更积极地参与教研活动，形成了一个正向的循环。社会学习理论还强调了社会互动在学习过程中的作用。在教研共同体中，教师之间的合作和交流可以促进知识和经验的共享。通过小组讨论、工作坊和同伴观察等形式，教师可以相互学习，共同解决问题。这种互动不仅有助于教师的专业发展，还能够增强共同体的凝聚力。某学校通过建立教师学习小组，鼓励教师在小组内分享教学心得和创新实践，结果发现教师之间的合作显著提高了教学质量和学生的学习成效。

在培养积极的教研共同体参与意识的过程中，应鼓励教师参与决策过程，让教师感受到自己对教育改革和学校发展的贡献。研究表明，参与决策的教师比那些没有参与的教师拥有更高的自我效能感。此外，共同体还应建立一个积极的反馈机制，及时认可和奖励教师的努力和成就，从而增强教师的成就感和自信心。通过这些策略，教师将更加自信地面对教学挑战，积极地参与教研共同体的活动，共同推动教育事业的发展。在构建积极的教研共同体过程中，创造一个支持性和鼓励性的环境至关重要。这样的环境能够激发教师的参与意识，促进其专业成长。例如，某学校实施了"教师成长档案"制度，记录教师在教研活动中的进步和成就，通过定期展示这些档案，不仅增强了教师的成就感，也促进了教师之间的相互学习和竞争。教研共同体的构建需要考虑教师的多元需求和背景。一项针对不同年龄段教师参与教研活动的研究表明，年轻教师更倾向于通过网络平台进行教研交流，而经验丰富的教师则更偏好面对面的研讨。因此，学校应当提供多样化的教研平台和活动，以满足不同教师的需求。

随着教育信息化的不断推进，教研共同体的发展趋势正朝着更加开放、协作和创新的方向迈进。未来，随着人工智能和大数据技术的进一步应用，教研共同体将能够更加精准地分析教师需求，提供个性化的专业发展路径，从而在教育创新的浪潮中把握住前所未有的机遇。

三、发挥青年教师在教研共同体中的独特作用

青年教师的活力与创新精神是教研共同体中不可或缺的动力源泉。他们通常拥有较新的教育理念和前沿的学科知识，能够迅速适应教育技术的变革，将创新思维融入教学实践。一项针对教育技术应用的研究表明，青年教师在使用数字工具和在线资源方面比资深教师更为活跃，这些工具与资源的使用不仅提高了课堂互动性，也促进了学生学习动机的提升。青年教师的活力还体现在对新知识的渴望和对教学方法的不断探索中，创新精神则体现在敢于打破传统教学模式，勇于尝试新的教学策略。在教研共同体中，青年教师与资深教师的互补优势是推动教育创新和提升教学质量的关键因素。一项针对教学方法革新的研究表明，青年教师更倾向于采用项目式学习和协作学习等现代教学模式，这些模式能够有效提升学生的批判性思维和解决问题的能力。资深教师则拥有丰富的教学经验和深厚的专业知识，他们能够为青年教师提供宝贵的指导和反馈。资深教师的实践智慧与青年教师的理论创新相结合，可以形成一种教学相长的良性循环。例如，某校实施的"师徒制"项目中，资深教师与青年教师共同设计课程，资深教师的经验帮助青年教师避免了教学中的常见陷阱，而青年教师的新鲜视角则激发了资深教师对教育的进一步思考。这种互补关系不仅促进了教师个人的专业成长，也为学生创造了更加多元和丰富的学习环境。

在教研共同体中，青年教师凭借其对新理念的敏锐洞察力和创新精神，正成为推动教学方法革新的重要力量。他们敢于打破传统教学模式的桎梏，引入以学生为中心的教学理念，如翻转课堂、项目式学习等，这些新理念不仅激发了学生的学习兴趣，也提高了教学效果。一项针对翻转课堂的研究表明，这种模式能够提升学生的自主学习能力，并且在某些情况下，让学生的成绩提高了10%以上。青年教师通过这些创新教学方法，不仅促进了学生能力的全面发展，也推动了教育质量的整体提升。此外，在推动教学方法革新的过程中，青年教师还积极引入跨学科的教学理念，打破学科壁垒，促进知识的综合与应用。他们倡导跨学科项目，如STEAM教育，认为其不仅培养了学生的创新思维和问题解决能力，也使教学内容更加贴近实际，提高了学生对未来社会的适应能力。通过这些新理念的引入和实践，青年教师在教研共同体中扮演了创新者的角色，为教育的发展开辟了新路径。

在教研共同体中，青年教师利用技术优势推动教学手段现代化，是实现教育创新的关键。随着信息技术的飞速发展，教育领域正经历着前所未有的变革。青年教师通常对新技术的接受度高，能够迅速掌握并应用到教学实践中。通过使用智能教学平台，青年教师可以实现个性化教学，根据学生的学习数据进行分析，从而为每个学生量身定制学习计划。青年教师在教研共同体中，可以利用虚拟现实、增强现实等前沿技术，为学生创造沉浸式学习体验。例如，在历史教学中，通过VR技术，学生可以"穿越"回古代，亲身体验历史事件，这种生动的教学方式不仅增强了学生的学习兴趣，也加深了他们对历史知识的理解。正如史蒂夫·乔布斯所说："技术本身并不足以改变世界，只有将技术与人文结合，才能真正推动社会进步。"青年教师正是这一理念的践行者，他们将技术与教育相结合，推动了教学手段的现代化。在促进教学手段现代化的过程中，青年教师还应注重技术与教学内容的融合。通过开发互动式电子教材、在线测试和反馈系统，青年教师可以实时关注学生的学习进度，及时调整教学策略。利用大数据分析学生在在线学习平台上的表现，教师可以发现学生在哪些知识点上存在困难，并针对性地提供帮助。这种基于数据驱动的教学决策，不仅提高了教学的精准度，也促进了学生学习效果的最大化。然而，技术的引入并非没有挑战。青年教师在推动教学手段现代化的同时，也面临着如何平衡技术与传统教学方法、如何确保所有学生都能平等地获得技术资源等问题。因此，青年教师需要不断学习和探索，寻找最佳实践路径，以确保技术优势能够真正服务于教育目标，促进教育公平和质量的提升。

在教研共同体中，青年教师扮演着建立跨代沟通桥梁的重要角色，一项针对教育团队合作的研究表明，当团队成员能够跨越年龄和经验的界限进行有效沟通时，团队的整体协作效率可提升20%以上。青年教师通常具备较强的技术应用能力和对新教育理念的敏感度，他们可以利用这些优势，通过组织研讨会、工作坊等形式，促进与资深教师之间的知识和经验交流。这种交流不仅有助于资深教师更新观念，也使青年教师能够从资深教师那里学习到丰富的教学经验和教育智慧。通过这样的跨代合作，教研团队能够形成一个学习型组织，不断推动教育创新，实现共同成长。

在教研共同体中，青年教师通过参与多样化的教研活动，如教学研讨会、工作坊、课题研究等，能够显著提升个人的专业素养。一项针对青年教师专业发展的研究显示，参与定期的教研活动能够使教师的教学技能提升20%以上。通过这些活动，青年教师不仅能够学习到先进的教育理念和教学方法，还能通过案例分析、同行评议等方式，深化对教育理论的理解和应用。青年教师在教研共同体中的成长，是他们教育生涯中不断学习和实践的过程，也是他们专业素养提升的必经之路。在教研共同体中，青年教师通过教学实践探索个性化教学模式，不仅能够提升自身的专业素养，还能促进学生全面发展。根据多元智能理论，每个学生都有其独特的智能组合和学习偏好。青年教师可以利用这一理论，设计差异化的教学活动，如通过项目式学习、合作学习等多样化的教学方法，满足不同学生的学习需求。在实践中，青年教师可以运用数据分析工具，如学习管理系统中的学生表现数据，来评估和调整教学策略，确保每个学生都能在自己的优势领域得到发展。青年教师通过个性化教学模式，帮助学生培养批判性思维、解决问题的能力以及终身学习的习惯，这些将成为学生未来成功的关键。

四、利用共生教研促进教学创新与实践能力的提升

在共生教研的实践中，以问题为中心的教研模式是提升教学创新与实践能力的关键。这种模式强调从实际教学中遇到的问题出发，通过教师集体的智慧和协作来寻找解决方案。一项针对数学教学的研究表明，通过项目式学习，学生在解决实际问题时的创新思维和问题解决能力得到了显著提升。在共生教研的框架下，教师们围绕具体教学难题，如学生参与度低、课程内容与实际应用脱节等问题，开展深入讨论和研究。通过案例分析、角色扮演和模拟教学等方法，教师们能够更深入地理解问题本质，并在实践中不断尝试和优化教学策略。在共生教研的实践

中，跨学科合作的教研模式已成为推动教学创新与实践能力提升的重要途径。这种模式鼓励不同学科背景的教师共同参与教学设计与实施，通过整合各自的专业知识和教学经验，形成多元化的教学视角。在美国的斯坦福大学，跨学科项目 d. school 就成功地将设计思维引入教育领域，促进了学生和教师在解决复杂问题时的创新思维和实践能力。通过跨学科合作，教师能够利用各自学科的优势，共同开发出更富有挑战性和创造性的课程内容，从而激发学生的学习兴趣和探究欲望。跨学科合作的教研模式不仅有助于教师专业成长，也为学生提供了更为全面的学习体验。在这一模式下，教师们通过协作，能够打破传统学科界限，共同探讨如何将不同学科的知识点融合到教学中，从而提高教学的深度和广度。结合数学和艺术的课程设计，学生可以在学习几何图形的同时，探索几何图形在艺术作品中的应用，从而加深对数学概念的理解。这种跨学科的教研模式，不仅提升了教师的实践能力，也为学生创造了更多实践和应用知识的机会。然而，跨学科合作的教研模式也面临着诸多挑战，如学科间的文化差异、合作机制的建立、评价体系的完善等。为了应对这些挑战，教研团队需要建立有效的沟通机制和协作平台，确保不同学科的教师能够顺畅交流，共同解决问题。同时，需要开发出一套科学的评价体系，以衡量跨学科合作教研模式对学生学习成效的影响。

在共生教研的框架下，创新教学方法与策略的探索成为提升教育实践能力的关键。翻转课堂模式让学生在课前通过视频和在线材料自主学习，课堂时间则用于讨论和实践，从而提高了学生的主动学习能力和教师的引导能力。根据一项研究，翻转课堂能显著提高学生的参与度和理解深度，学生的平均成绩提高了10%。此外，项目式学习作为一种创新策略，鼓励学生通过解决实际问题来学习知识，这种策略不仅增强了学生的实践能力，还培养了他们的批判性思维和团队合作能力。在共生教研的框架下，利用技术工具促进教学创新已成为教育领域的重要趋势。随着信息技术的飞速发展，教育者们开始探索如何将这些工具融入教学实践，以激发学生的学习兴趣，提高教学效率。虚拟现实和增强现实技术的应用，为学生提供了沉浸式学习体验，使抽象概念具象化，从而加深学生的理解。此外，协作平台如 Google Classroom 和 Microsoft Teams 的使用，促进了学生之间的交流与合作，打破了时间和空间的限制，使得学习更加灵活和个性化。技术工具的引入，不仅改变了教师的教学方式，也对学生的实践能力提出了新的要求。

在共生教研的实践中，面临的挑战与问题复杂多样，其中最为显著的是资源分配不均和教师专业发展不平衡。以问题为中心的教研模式虽然能够激发教师的创新意识，但在实际操作中，教师往往缺乏足够的时间和空间来深入探讨和解决教学中的问题。据调查，超过 60% 的教师表示每周用于教研的时间不足 5 小时，这严重限制了教研活动的深度和广度。此外，跨学科合作的教研模式在推动教学创新方面具有巨大潜力，但现实中，学科间的壁垒和教师之间的沟通障碍往往成为制约因素。在技术工具的应用上，虽然技术的引入为教学创新提供了新的可能性，但教师对新技术的掌握程度和学生对技术的适应能力参差不齐，这在一定程度上影响了技术工具在教学中的有效运用。因此，如何在有限的资源条件下，平衡各学科发展，促进教师专业成长，是共生教研在实践过程中亟须解决的关键问题。在共生教研的实践中，面对挑战与问题，我们需采取多元化的应对策略，以确保教学创新与实践能力的持续提升。

五、建立终身学习的观念

在当今知识更新换代日益加速的时代背景下，终身学习已成为教师职业发展的核心驱动力。根据 IEA 的研究，教师的所需专业知识和教学技能每五年就会有显著的更新，这要求教师必须持续学习以保持其教学的前沿性和有效性。青年教师作为教育界的新生力量，更应将终身学习视为职业发展的基石。通过参与共生教研活动，青年教师不仅能够与同行交流最新的教育理念和教学方法，还能通过实践反思不断提升自身的教学能力。通过参与定期的教研活动，青年教师可以与同行交流教学经验，共同探讨教育问题，从而不断更新教育理念和教学方法。此外，利用现代技术手段，如在线课程和教育论坛，青年教师可以随时随地获取最新的教育资讯和专业知识，这不仅拓宽了学习的渠道，也使得学习变得更加灵活和便捷。正如苏格拉底所言："未经审视的生活不值得过。"青年教师应将终身学习视为一种生活方式，不断审视和提升自己的教学实践，以适应教育变革的需要，最终成为教育创新的引领者。

青年教师面临的挑战是多方面的。首先，他们常常在时间管理上遇到难题，由于教学任务繁重，留给教研的时间有限，他们难以深入参与教研活动。根据一项调查，超过60%的青年教师表示，工作与个人生活之间的平衡是他们最大的挑战之一。其次，青年教师在教研中缺乏经验，他们可能不知道如何有效地利用资源，或者如何将理论知识与实践相结合。一项针对青年教师的研究显示，只有不到30%的教师能够将最新的教育研究成果应用到课堂教学中。此外，技术的快速变革也给青年教师带来了挑战，他们需要不断学习新的教学工具和平台，以保持教学方法的现代性和有效性。

在建立终身学习观念的过程中，青年教师积极参与教研活动是解决以上问题的关键。通过参与，他们不仅能够提升自身的教学技能，还能与同行建立互助合作的关系，共同促进教育质量的提升。一项针对青年教师的调查显示，定期参与教研活动的教师在教学方法创新和学生学习成效上均有显著提高。这表明，教研活动是教师专业成长的重要途径。青年教师应主动寻求机会，如加入教育研究小组、参与教学研讨会。通过这些活动，他们可以获取最新的教育理念，学习如何运用数据分析模型来评估教学效果，从而不断优化教学策略。此外，现代技术手段为青年教师的共生教研之旅提供了前所未有的机遇。通过利用在线协作平台如 Google Classroom、Microsoft Teams 或 Zoom，教师们能够跨越地理界限，实时共享资源、讨论教学策略，并共同开发课程。一项针对 1000 名教师的调查显示，使用协作工具的教师在教学设计和学生参与度方面表现出了显著的提升。此外，利用大数据分析，教师可以更精准地了解学生的学习需求和进度，从而调整教学方法，实现个性化教学。因此，青年教师应积极拥抱技术，通过技术手段促进教研合作，共同推动教育创新和终身学习文化的形成。

在建立终身学习观念的过程中，设计个人专业成长计划是青年教师实现共生教研的关键步骤。首先，教师需要进行自我评估，明确自己的优势和劣势，这可以通过 SWOT 分析模型来完成，即识别个人在教学技能、学科知识、技术应用和人际交往等方面的强项、弱点、机会和威胁。例如，一位数学教师可能在逻辑思维和问题解决方面具有优势，但在使用教育技术工具方面存在不足。通过这种自我分析，教师可以更有针对性地规划自己的成长路径。教师应设定具体、可衡量、可实现、相关性强和时限性的目标（SMART 目标），以确保专业成长计划的实操性。例如，可以将目标设立为"在接下来的一年内，通过参加至少三次专业研讨会和完成一门在线课程，提高在课堂上运用教育技术的能力"。为了实现这一目标，教师可以利用现代技术手段，如在线教育平台和社交媒体，与同行建立联系，分享资源和经验。教师应定期反思和评估自己的成长计划，确保其与终身学习的目标保持一致。这可以通过建立一个个人发展档案来实现，记录教学实践、参与的教研活动、所获得的反馈以及个人的反思。教师还应将个人专业成长计划与学校或教研组的共同目标相结合，通过团队合作和共享资源，实现共生教研的愿景。此外，还可以参与教研组的项目、与同事共同开发课程，或在教研活动中担任领导角色，从而在实践中不断学习和成长。通过这样的策略，青年教师不仅能够提升自己的专业素养，还能为教育创新和学校的发展作出贡献。利用社交媒体和专业网络平台，教师可以与同行进行实时交流，分享经验，获取最新的教育资讯和研究成果。案例研究显示，通过这些平台，教师能够快速响应教育趋势，及时调整教学策略。

在青年教师的共生教研之旅中，定期评估自身的教研和学习效果是建立终身学习观念的关键环节。评估过程应结合定量与定性分析，以确保全面性和客观性。可以采用柯氏四级培训评估模型，从反应、学习、行为和结果四个层面进行自我审视。首先，通过问卷调查和访谈收集同事、学生和家长的反馈，了解自己在教研活动中的表现和影响（反应层面）。其次，通过自我测试和同行评议，评估自己在专业技能和知识掌握上的进步（学习层面）。再次，观察自己在课堂上的教学实践和学生的学习成效，以判断教学方法和策略的改变是否带来了积极的行为变化

（行为层面）。最后，通过学生成绩、教学成果等数据，评估自己的教研活动对教育质量的长远影响（结果层面）。青年教师通过定期进行自我反思，可以深入分析自己的教学实践，识别优势和不足。同时，利用现代技术手段，如在线学习平台的数据分析功能，可以追踪学习进度和效果，为持续改进提供数据支持。通过这些方法，青年教师不仅能够定期评估自己的教研和学习效果，还能在共生教研的环境中不断成长，为终身学习奠定坚实基础。在反思青年教师在共生教研实践过程中的问题与不足时，不难发现，尽管许多教师已经意识到终身学习的重要性，但在实际操作中，他们往往面临着时间管理不当、资源获取有限以及缺乏有效的学习策略等问题。根据一项针对青年教师的调查研究，超过60%的受访者表示，工作与个人生活之间的平衡是他们参与教研活动的主要障碍。此外，技术的快速发展也对教师提出了更高的要求，如何有效利用在线平台和数字工具进行教研合作，成为他们必须克服的挑战。

六、积极参与教研活动与合作

教研活动是教师专业成长的催化剂，它不仅促进了教师之间的知识共享和经验交流，而且为教师提供了持续学习和自我提升的平台。根据美国教育心理学家布鲁纳的理论，学习是一个主动建构的过程，而教研活动恰恰为教师提供了这样一个主动探索和建构知识的机会。通过参与教研活动，教师能够接触到不同的教学理念和方法，从而在实践中不断调整和优化自己的教学策略。一项针对美国教师的研究表明，那些积极参与教研活动的教师，在学生的学习成效上平均提高了10%至15%。

这不仅反映了教研活动对教师专业成长的积极影响，也体现了其对学生学习成果的正面作用。

青年教师在教研活动中扮演着至关重要的角色，他们不仅拥有充沛的精力和创新的激情，而且通常对新技术和新理念的接受度较高，为教研活动注入了新鲜血液。然而，他们也面临着诸多挑战，如经验不足、资源有限以及在传统教育体系中的地位边缘化。根据一项针对教育领域的调查，青年教师在教研中遇到的最大障碍是缺乏有效的指导和合作机会。一项研究显示，只有30%的青年教师表示他们经常参与教研活动，而大多数教师则表示由于工作负担重、时间不足或缺乏支持而难以参与。为了克服这些挑战，青年教师需要树立积极的教研态度，主动寻求合作机会，并利用现代技术手段，如在线教研平台，来弥补传统教研活动的不足。通过这些努力，青年教师可以更好地融入教研活动，实现个人专业成长，同时为学校教育质量的提升作出贡献。在青年教师融入共生教研的过程中，树立积极的教研态度是至关重要的。积极的教研态度不仅能够激发教师的内在动力，还能促进教师专业成长和教学质量的提升。积极的教研态度还意味着教师愿意接受挑战，不断尝试新的教学理念和策略。在制订个人教研计划的过程中，青年教师应首先明确自己的教学目标和专业发展方向。根据教学需求和学生反馈，设定提升课堂互动性的目标，并通过参与教研活动来实现这一目标。教师可以参考布鲁姆的教学目标分类法，将目标细化为知识、理解、应用、分析、综合和评价六个层次，从而制订具体可行的教研计划。此外，教师可以利用SWOT分析模型来评估自身的优势、劣势、机会和威胁，从而更有针对性地规划教研活动。一位青年教师可能在教学方法上具有创新性（优势），但在课堂管理上经验不足（劣势），因此可以计划参加相关的课堂管理培训(机会)，同时与经验丰富的教师合作，共同成长(将威胁转化为机会)。通过这样的个人教研计划，青年教师不仅能够系统地提升自己的教学技能，还能在教研活动中发挥更大的作用，促进自身与学校的共同成长。

在当今数字化时代，利用现代技术手段参与在线教研已成为青年教师融入共生教研的重要途径。通过网络平台，教师们可以跨越地理限制，参与到全球范围内的教育研讨中。Zoom、Google Classroom 和 Microsoft Teams 等工具的使用，使得实时视频会议、在线课堂和协作项目成为可能。青年教师可以利用这些平台分享自己的教学经验，同时学习他人的创新教学法，从而促进个人专业成长。社交媒体和专业网络也为教师提供了分享和获取教研信息的渠道。通过这些平台，教师可以参与到教育话题的讨论中，与世界各地的教育工作者建立联系。通过参与社交平台上的教育话题标签，教师可以实时了解最新的教育趋势，并与同行交流心得。这种即时的、全球性的互动不仅拓宽了教师的视野，也促进了跨学科教研合作。在技术的辅助下，青年教师还可以通过数据分析工具来评估和改进自己的教学实践。使用 Google Analytics 来分析学生在线学习行为，或者利用在线问卷调查工具如 SurveyMonkey(调查猴子)来收集学生反馈。这些数据不仅帮助教师了解学生的学习需求，还能指导他们调整教学策略，实现个性化教学。通过这些现代技术手段，青年教师能够更有效地参与到教研活动中，实现自我提升，并最终提升学校教育质量。

在青年教师融入共生教研的过程中，建立一个有效的教研团队是至关重要的。在教研团队的形成阶段，青年教师应积极参与，通过共同的目标和明确的角色分配来促进团队凝聚力的形成。一项针对多所学校的调查显示，那些在教研团队建设中明确分工、鼓励成员间相互尊重和信任的学校，其教师专业成长速度比其他学校快30%。此外，团队成员应定期进行反思和评估，以确保教研活动的持续改进和创新。有效的教研团队应将这一理念融入日常工作中，通过不断的实践和探索，推动教育质量的提升。在当今教育领域，跨学科教研合作已成为推动教育创新和提升教学质量的重要途径。通过跨学科的团队合作，青年教师能够打破传统学科壁垒，实现知识与技能的互补，从而为学生提供更为全面和深入的学习体验。一项针对美国多所学校的跨学科项目研究表明，参与跨学科教学的学生在批判性思维和问题解决能力方面有显著提升。青年教师在这样的合作中，不仅能够学习到其他学科的教学方法和内容，还能通过团队合作提升自身的沟通和协作能力。

教研成果报告是青年教师专业成长的重要工具，它不仅记录了教师在教学实践中的探索与发现，而且是教师间交流经验、共享智慧的有效途径。在撰写教研成果报告过程中，教师应首先明确报告的目的和受众，确保内容的针对性和实用性。报告应包含具体的数据支持，如通过问卷调查、学生反馈或成绩分析等收集的数据，来展示教研活动的成效。案例研究的引入能够使报告更加生动具体，通过描述具体的教学场景和学生反应，直观地展示教研活动的影响力。此外，采用SWOT分析模型来评估教研活动的实施效果，有助于全面地展现活动的多维度影响。最终，报告应提出具有建设性的建议和改进措施，为未来教研活动的开展提供指导，从而促进教师个人和整个教育团队的持续发展。在教研成果的交流与推广过程中，青年教师应充分利用现代信息技术，如教育博客、社交媒体平台和在线论坛，来分享他们的教学心得和研究成果。通过建立个人或团队的教育博客，教师可以定期发布关于教学法创新、课程设计和学生评估的深入分析，从而吸引同行的关注和反馈。此外，利用社交媒体如微博、微信等，可以迅速传播教研成果，实现与更广泛教育群体的互动交流。案例研究显示，通过这些平台分享的教研成果，不仅能够提升教师个人的学术影响力，还能激发同行间的讨论，促进教育实践的改进。青年教师在推广教研成果时，应注重其对实际教学和学生学习的直接影响，确保推广的内容能够真正服务于教育实践，提高教育质量。

教研活动在学校文化建设中扮演着至关重要的角色，它不仅促进了教师专业成长，还深化了学校文化的内涵。通过教研活动，教师们能够共同探讨教学方法，分享最佳实践，从而形成一种积极向上的教学氛围。例如，某中学通过定期的教研活动，成功地将合作学习理念融入学校文化中。此外，教研活动还能够帮助教师们在面对教育挑战时，通过集体智慧找到创新的解决方案。在提升学校教育质量的过程中，教研活动扮演着至关重要的角色。通过积极参与教研活动，青年教师不仅能够提升自身的专业素养，还能通过团队合作和创新思维，共同推动教学方法的改进和教育质量的提升。一项针对教师专业发展的研究表明，教师参与定期的教研活动，其教学效果平均提升 15%。这表明，教研活动对于提高教师的教学技能和学生的学习成效具有显著的正面影响。某学校通过建立以学科为基础的教研小组，实现了教学资源的共享和教学方法的创新，从而使得学生在标准化测试中的平均成绩提高了 20%。这种团队合作模式不仅增强了教师之间的凝聚力，也显著提升了学校的整体教育水平。

第五章

实践案例分析：青年教师的成功经验

一、青年教师案例1

（一）案例个人简介

肖老师，毕业于湖南师范大学，现为开平市忠源纪念中学美术教师和美术科组长。他专业素养扎实，综合能力强，能教能画，既羡慕画家的才情，也仰慕着学者的睿智。虽有一定科研能力，有想法且有闯劲，但科研成果并不显著，突破方向不明晰，专项不够突出，教科研提升资源匮乏。

在加入美术基地前，肖老师虽已在美术教育领域辛勤耕耘 16 年，成绩不错，但仍面临诸多困惑与束缚。首先，职业规划模糊，在做优秀教师还是以教师为职业的画家中犹豫不决。其次，教学方法存在矛盾，他一直采用的传统的模仿式教学难以激发学生的探究欲和主动性，导致学生学习效率低下、效果不佳，而他虽意识到单一教学方式的局限，却缺乏更高效的教学主张和理念。再者，课程设计上，他明白美术课程不能仅传授技能，还应注重培养学生的创造力、逻辑和审美能力，但如何将此理念融入具体课程内容并自主开发有趣实用的课程，成为科研难题。此外，学生管理也是他重点思索的问题，面对性格和基础各异的学生，如何激发学习动力、营造良好氛围，一直困扰着他。

为促进基地成员成长，除规划全员提升的基地项目外，我还与每位成员真诚交流，了解其优势与不足、需求和发展方向，为他们量身定制个性化成长路径。对于肖老师，我同样制订了针对性方案：鼓励他参与各类教学培训课程，拓宽教学视野，学习先进理念和方法。在定期组织的教学观摩活动中，引导他向省内外优秀教师学习教学技巧和课堂管理经验，持续提升教学水平。促使他积极参加教学研讨活动，提供与同行交流教学心得的机会，不断改进教学策略。结合其兴趣和学校学科发展需求，协助他确定研究方向，为科研之路指明方向。鼓励他参与科研项目，于实践中积累经验，提高科研能力。引导他大量阅读相关领域文献，掌握前沿研究动态，为科研工作提供理论支撑。协助肖老师制定短期和长期的职业发展目标，给予明确的定位和奋斗方向。定期评估其自身发展状况，根据实际调整规划，确保发展符合需求和期望。鼓励他不断完善个人发展路径，实现自我提升。

（二）说播课展示的历练与提升

肖老师通过观摩其他优秀教师的说播课，深刻领悟到了将说课与课例播放相结合的优势——不仅能够更清晰地展示教学思路，还能更直观地呈现教学效果。他不断反思和改进自己的教学设计，逐渐掌握了如何将复杂的教学内容以简洁明了的方式呈现给学生。基地的红课比赛让肖老师对课程的思政元素有了更深刻的理解。他意识到，美术教育不仅是技能培养，更是价值观塑造和培根铸魂的契机。他努力挖掘美术课程中的红色基因，将爱国主义、集体主义等价值观融入教学，切实落实立德树人的根本任务。肖老师与其他教师深度参与江门市高一、高二调研考试和高三教研分析活动，包括组织考试、改卷、担任速写组长、进行题目解析与质量评估讲座等，与同行共同探讨教学策略，分享教学经验。他学会了从宏观角度制订贴合学情的备考计划，针对不同层次的学生实施分层教学调控。同时，通过对考试数据的分析，他能够及时洞察区域内教学存在的问题，并组织团队采取有效措施加以战略性改进，实现了从"队长"向"将军"的转变。为使老师们迅速提升专业素养，我积极组织基地内的各类培训和学习活动。肖老师踊跃参加专家讲座，学习最新的教育教学理论；参与工作坊，与同行实践操作和交流研讨。在此过程中，他不断汲取新知，更新教育观，逐渐形成了独特的"理性逻辑式"美术教学风格。在肖老师综合能力不断完善之际，我持续引导他将教研心得与教学主张相结合，鼓励他在会议中作报告，锻炼语言文字逻辑性，优化图文呈现效果。他积极撰写论文，及时总结提炼，提升理论水平，深入开展课题研究，探寻问题理论的转化路径。我让他将前两年初步构建的美术"三阶理论"应用于高中美术教学中，不断实验，反复磨砺，并成功申报江门市"十四五"规划课题，将其作为专门的课题项目开展研究，探索理论实施的路径，实验和论证理论的效果。

教研的过程并不总是一帆风顺，有过松懈，也有过徘徊不前。经过一段时间的个性化指导以及在基地的学习与实践，肖老师在教学方面成效显著，并形成了自身特色。他不再局限于传统的讲授式、模式式教学，而是灵活采用多样化的教学方法，如项目式学习、小组合作学习、探究式学习等，并以逻辑式教学加以串连。这些方法充分调动了学生的积极性和主动性，强化了学习效果的持久性，让学生在自主探索中发现并解决问题，提升了学习和创新能力。肖老师将培养学生的创造力和审美能力设定为核心目标，精心策划了一系列富有创意和挑战性的课程内容。

肖老师主持的课题于 2024 年 7 月顺利结题，专家组长给予高度赞誉："成果丰硕，研究深入，理论首创，堪称样板！"他将课题成果汇编为校本课程、撰写教学案例、创作课题论文，尤其是课程的主题、单元、章节、页面均体现出情境创设和自主探究的教学理念，贴合地域实际和教学逻辑，这套课程具有极高的应用价值。

2023 届广东省美术联考，肖老师作为科组长所负责的学生中 171 人参加考试，130 人通过本科线，本科率 76%，在开平市普通中学中位居榜首，且创下同类学校的历史新高。

或许有人对这一成绩不以为意，但须知他们学校美术生具有六个特点：一是文化差，二是零基础，三是不能选，四是不能退，五是时间少，六是人数多。所以，此成绩实乃通过不懈努力、克服重重困难的结果，也是他教研成长效果的有力佐证。另外，肖老师还参加了广东省教育研究院 2023 年"走进粤东西北（潮州）教研帮扶活动"美术学科专场活动作讲座，以《一个普通美术老师的高考教研分享》和《"三阶理论"在高中考素描教学中的试验与发展研究》作报告，多次作为评委组长在开平市美术统考质量分析会作讲座，在肇庆江门两地考高一、高二美术书法备考专项培训中作高一速写题目解读与两地测试质量分析会作报告。他作为美术科组长带领美术备课组获评 2023 年江门市优秀备课组，主持的"导学案下的高中美术素描基础教学研究"获江门市中小学美育优秀教学成果奖三等奖，辅导的学生作品及自己的专业作品多次在江门市美术比赛中获奖。

正如肖老师所言：在基地，学到最有价值的并非教研能力，而是团结、合作、共生。这也正是我的教研主张：共生教研。

二、青年教师案例2

（一）案例个人简介

汤老师作为一名青年教师，始终秉持着不断学习和进步的理念。通过参与各类赛事和项目，她不仅提升了自己的专业技能，还在教育理念和教学方法上有了显著的成长，以下是她近年来在赛事与项目中的经历。

广东省首届美术青年教师能力大赛涵盖了纸立体、绘画创作、说课三项内容，要求参赛者具备全面的美术素养和教学能力。参与市赛、省赛是一个青年教师展示自己、挑战自己的机会。在我的培养与指导下，汤老师开始了紧张的备赛工作。我不仅为她提供了备赛建议，还组织了系列的专项培训、模拟演练和总结反馈会议。在备赛过程中，她经历了无数个日夜的努力钻研，为了提升纸立体的创作技巧，她反复练习，更换主题，不断尝试新的工具和技巧，力求在作品中展现出独特的创意和精湛的技艺。在绘画创作方面，汤老师从选作品题材、国画技法表现等深入研究，进行了大量的练习，以提高自己的写意人物绘画水平和艺术表现力。同时，汤老师也注重说课内容的准备，对教材内容进行了全面梳理，对每一节课都拟定了一个说课的大体框架，再围绕其中的四节课，深入撰写了教学大纲，力求对每一个知识点都有深入的理解和掌握，对每一个环节都能形成一定的师生互动形式。同时，在我的鼓励和支持下，汤老师开始探索新的教学方法和手段，希望能够在比赛中展现出自己的创新能力和教学风采。我还为汤老师提供了丰富的教学资源和案例，让汤老师能够更全面地准备比赛内容。

经过数天的努力，汤老师终于在比赛中脱颖而出，荣获了美术学科的一等奖第二名。这次获奖不仅是对汤老师个人能力的肯定，更是对汤老师教学工作的极大鼓励，它让汤老师更加坚定了自己在教育事业中不断探索和创新的决心。汤老师深知，这份荣誉离不开团队的精心培养和无私帮助。基地老师的专业指导和宝贵建议让汤老师在比赛中更加自信、从容。

随后，汤老师还受邀参与了第二、三、四届比赛选手的指导工作，将自己的经验和技巧传授给更多的青年教师，帮助他们在比赛中取得优异的成绩。汤老师始终铭记基地对她的帮助和支持，也希望通过自己的努力，回馈教育事业，为更多的青年教师提供成长和发展的平台。通过参与和指导这些比赛，汤老师深刻体会到了"教学相长"的道理。在准备和指导过程中，汤老师不仅提升了自己的专业素养，还学会了如何更好地与学生和同事沟通和互动，这对于她日后的教学工作有着极大的帮助。同时，汤老师也更加明白了团队协作的重要性，只有团结一心，才能共同创造出更好的成绩。

（二）说播课展示的历练与提升

除了参与青年教师能力大赛外，汤老师还积极投身于说播课展示的活动中。其中，《文化创意设计中的党史》和《赓续革命精神——罗工柳地道战》这两个江门市说播课的准备与展示都让汤老师受益匪浅，达到快速的提升。

在这两个项目中，汤老师经历了备课、上课、磨课、说播课内容梳理、说播课视频剪辑以及展示等过程。这对汤老师来说是一个全新的挑战，但也是一个极佳的成长机会。在准备前期，汤老师深入研究了说播课的特点、说播课的构成等，有了一个大概了解后开始备课，汤老师深知，要想让说播课内容新颖且富有内涵，必须在课程内容上有所创新，在教学理论上有深入的认知，才能很好地在说播课中把两者结合起来。因此，在《文化创意设计中的党史》中，汤老师找寻了大量的文献资料，深入了解党史和革命精神的相关内容，力求将这些知识与文化创意设计相结合。在这个过程中，汤老师不仅拓宽了自己的知识视野，还学会了如何将不同的知识领域进行有机融合，从而创造出独特的课程内容。备课过程中，汤老师遇到了很多挑战，如何将党史和革命精神的知识以生动有趣的方式呈现给学生，让他们能够深入理解并产生共鸣，这也是汤老师一直思考的问题。为了解决这个问题，汤老师不断尝试不同的教学方法和技巧，如使用案例分析、互动问答等方式，力求让课程内容更加贴近学生的实际生活和学习需求。

在磨课过程中，汤老师与团队成员一起对课程内容进行了反复的推敲和修改，力求每一个细节都做到尽善尽美。在这个过程中，汤老师学会了如何更好地与学生互动，引导他们深入思考和理解课程内容。汤老师也学会了如何倾听团队成员的意见和建议，如何在团队中发挥自己的作用、共同推动课程的完善。在课件制作上，汤老师充分关注到了能辅助讲课的细节，为课程增添了许多生动有趣的视觉元素。汤老师力求让课件不仅美观大方，而且能够生动地呈现课程内容，为此，汤老师学习了很多课件制作技巧，如如何选择合适的图片、如何设计动画效果等，这些技能的提升让汤老师的课件更加生动有趣，也更好地吸引了学生的注意力。在说播课视频剪辑环节，汤老师学习并掌握了视频剪辑技能，汤老师深知，说播课不仅要说得好，还要剪得好。因此，汤老师花了很多时间学习视频剪辑软件的使用技巧，如如何剪辑视频、如何添加特效等。通过不断的实践和尝试，汤老师终于能够把播与说较好地融合在一起，呈现出高质量的说播课视频。在《赓续革命精神——罗工柳地道战》的准备过程中，汤老师再次走进江门市美术馆取材。在备课环节，通过资料收集详细解读《地道战》，梳理出引导性问题，慢慢把整节课的授课框架搭建起来。

两次说播课展示的历练让汤老师更加明白了团队协作的重要性、如何与团队成员进行有效的沟通和协作，也让汤老师学会了如何在压力下保持冷静和高效。同时，汤老师也更加坚定了自己在教育事业中不断探索和创新的决心。汤老师深知，只有不断创新和尝试，才能让学生更加喜欢美术课程，才能让他们在轻松愉快的氛围中学习到更多的知识。这两次说播课展示的历练不仅提升了汤老师的专业技能和团队协作能力，同时，也更加坚定了她在教育事业中不断探索和创新的决心。

虽然汤老师在近年取得了显著的成长和进步，但她深知自己还有许多不足之处需要改进和提升。因此，汤老师将继续秉持着持续学习和成长的理念，不断挑战自己的极限。在未来的日子里，汤老师计划进一步深入研究美术教育的前沿理论和实践方法，努力将最新的教育理念和教学方法引入课堂。通过实践锻炼自己的能力和素质。此外，汤老师还计划在各种的教研平台上加强与同行的交流与合作，共同探索教育的未来发展趋势和创新路径。

汤老师是我培养的青年教师中获得成绩较多的青年教师，一位青年教师的成长离不开有慧眼的伯乐，更离不开自我的不断学习，只有这两点结合，才能使她在教育的道路上走得更远、更稳、更精彩。

三、青年教师案例3

（一）案例个人简介

张老师，毕业于华南师范大学，现为江门市礼乐中学美术一级教师、江门市高中美术兼职教研员、广东省基础教育高中美术教研基地（江门市）核心成员、江门市高中美术中心备课组成员。曾获广东省第三届中小学青年教师教学能力大赛高中组一等奖，广东省首届美育教师教学基本功大赛一等奖，2022年广东省普通高中新课程新教材实施优质教学课例征集活动一等奖；主持课题一项，参与省市级课题研究八项，多篇论文在杂志上发表和获奖。

2021年，张老师参加了广东省第三届中小学青年教师教育教学能力大赛，并荣获普通高中教育组美术学科一等奖，这一荣誉不仅是对张老师过去努力的肯定，更是激励她继续前行的动力。同时，在我的"说播"微教研模式的引领下，她认真学习，潜心钻研，积极参与说播课的制作和分享，并致力于开发具有地方特色的课程——江门本地的省级非遗项目礼乐龙舟文化精神进校园……在一次次的学习中，张老师经历了从理论到实践、从挑战到成长的深刻蜕变。

（二）说播课展示的历练与提升

在信息技术日新月异的今天，说播课作为一种创新的教学模式、新的教研样态，正逐渐在教育领域占据一席之地。它不仅打破了传统课堂教学的时空限制，还促进了教师之间的教学资源共享与交流。初识说播课，张老师如同打开了一扇新世界的大门。说播课，顾名思义，就是结合说课与微课的一种新型教学模式。它要求教师不仅要能够清晰地阐述自己的教学设计理念、教学目标、教学方法等，还要通过短视频的形式直观展示教学过程中的关键环节或精彩瞬间。这种教学模式让张老师意识到，教育不仅仅是知识的传授，更是思维的启迪和情感的交流。通过说播课，张老师可以将自己的教学理念以更加生动、直观的方式呈现给更多的同行和学生，促进教学相长。

张老师第一次正式接触和制作说播课，是在 2020 年江门市春季高中美术优质课例（说播课）展评活动中。当时网上有关说播课的资源相对较少，大家对说播课处于一知半解状态。但一直以来，张老师对 PPT 的制作和视频剪辑都特别感兴趣，喜欢探索新事物。源于对说播课的好奇和对技术的兴趣，张老师参加了台山市的初赛，并顺利晋级到了江门市决赛。

在江门市说播课的备赛过程中，张老师重新审视自己的课件与视频，不断打磨教学设计和说课稿，多次邀请同行前辈进行指导。在江门市的比赛现场中，张老师紧张而又激动地展示了自己的说播课，虽然最终只获得了二等奖，但这个结果并没有让张老师感到沮丧，反而让张老师更加珍惜这次比赛带给她的宝贵经验。在比赛过程中，张老师看到了其他选手的精彩表现，他们的课件制作精良、教学设计独特，让张老师深受启发，而评委老师们的点评更是如同点睛之笔，让张老师对说播课有了更深层次的理解和认识。

比赛结束后，张老师并没有停止对说播课的探索和实践，而是更加积极地投身于说播课的教学研究和实践中，阅读相关书籍、观看优秀案例，分析自己的优点和不足，并根据评委老师们的建议，制订针对性的改进计划，梳理完善说播课制作流程：

1. 选题与策划。张老师根据自己的教学专长和学生的兴趣点，选择了与高中美术课程紧密相关的主题进行开发。在策划阶段，张老师明确了说播课的教学目标、教学内容、教学方法以及预期的教学效果。同时，张老师还考虑到了说播课的受众群体和他们的学习需求，力求做到内容丰富、形式新颖、易于接受。

2. 脚本编写。脚本是说播课制作的核心。张老师根据选题和策划方案，精心编写了说播课的脚本。在编写过程中，张老师注重语言的准确性和生动性，力求将复杂的教学理论以简洁明了的方式表达出来。同时，张老师还巧妙地融入了实际教学案例和学生作品展示等环节，以增强说播课的吸引力和说服力。

3. 视频拍摄与剪辑。视频拍摄与剪辑是说播课制作中技术含量较高的环节。张老师利用课余时间自学了视频拍摄和剪辑技术。在拍摄过程中，张老师注重画面的清晰度和稳定性以及声音的清晰度。在剪辑过程中，张老师则注重节奏的把握和画面的流畅性。通过反复的修改和完善，张老师最终制作出了一段既符合教学要求又具有观赏性的说播课视频。

4. 后期配音与字幕。为了增强说播课的听觉效果，张老师还进行了后期配音和字幕添加工作。张老师根据脚本内容录制了清晰流畅的解说词，并在视频中添加了简洁明了的字幕以辅助理解。这些工作虽然烦琐但必不可少，它们为说播课增添了更多的专业性和可看性。

通过说播课的制作，张老师不仅在技术上得到了锻炼和提升，更重要的是在思想上得到了启迪和升华。在说播课分享的过程中，张老师不仅分享了自己的教学经验和心得，还积极与同行交流探讨共同解决教学中遇到的问题。2023 年 3 月，张老师在 2022—2023 学年江海区中小学美术教研工作会议活动中作题为《说播课的制作与呈现》的专题发言；2024 年 1 月 5 日，大单元课例《以龙之形　竞渡时空——礼乐龙舟文化大单元教学探究与实践》在江门市中小学青年美术教师教学技能研修暨高中美术教研基地特色课程开发与实践说播交流进行现场展示；这种互动和交流，让张老师认识到，教育是一项需要不断创新和探索的事业，只有不断地学习和实践才能跟上时代的步伐，满足学生的需求。同时张老师也更加坚信教育的力量，它不仅能够传授知识，更能够激发人的潜能和创造力。也正是这种力量，让张老师逐渐成长为一名更加成熟、更加自信的教师。

第六章

策略与建议：青年教师的
行动指南

一、适应"三新"改革的教学策略调整

"三新"改革，即新课程标准、新教学方法和新评价体系的综合改革，是当前教育领域的一次深刻变革。它不仅重新定义了教学内容和教学方式，而且对教师角色、学生学习模式以及教育评价机制都产生了深远的影响。新课程标准强调核心素养的培养，要求教师在教学中注重学生批判性思维、创新能力和实践技能的提升。同时，新教学方法如项目式学习、翻转课堂等，通过信息技术的融入，教学更加灵活多样，学生的学习体验也更加丰富。新评价体系则更加注重过程评价和能力评价，不再以考试成绩作为唯一证券标准，这促使教师和学生都更加关注学习过程和能力培养。在"三新"改革的浪潮中，青年教师面临着前所未有的机遇与挑战。改革的核心在于更新教育理念、课程内容和评价体系，这不仅要求教师掌握新的教学技能，还要求他们能够灵活适应快速变化的教育环境。新课程标准强调学生核心素养的培养，这就要求青年教师不仅要传授知识，更要注重学生批判性思维、创新能力和实践技能的培养。

面对"三新"改革，青年教师的职业发展之路充满了挑战。信息技术融入教学，如智能教育平台和在线课程的普及，要求教师必须掌握相应的技术应用能力。青年教师需要通过持续学习和实践，来克服这些技术障碍，以确保教学活动的高效和创新。同时，新评价体系的实施，如形成性评价与总结性评价的结合，要求教师能够全面、客观地评价学生的学习过程和成果，这对青年教师的评价能力提出了更高的要求。然而，挑战之中也孕育着新的机遇。改革为青年教师提供了展示自我、实现职业成长的舞台。在新课程标准下，教师可以更加自由地设计课程，采用项目式学习、合作学习等创新教学方法，从而激发学生的学习兴趣和潜能。通过拥抱改革，青年教师可以更好地实现教育的本真意义，培养出适应未来社会的学生。此外，新评价体系的实施也为教师提供了更多元化的反馈，帮助他们更准确地了解教学效果，从而不断调整和优化教学策略。在应对"三新"改革带来的挑战时，青年教师需要培养自我反思与持续学习的能力。通过定期的教学反思，教师可以及时发现并解决教学过程中的问题，提升教学质量。同时，持续的专业发展，如参加教育研讨会、进修课程和学术交流，不仅能够增强教师的专业知识和技能，还能够帮助他们建立起更广泛的教育网络，为职业发展提供支持。

理解新课程标准的核心理念与教学目标是至关重要的。新课程标准强调学生核心素养的培养，倡导学生主动学习、批判性思维和创新能力的发展。根据教育部发布的《基础教育课程改革纲要(试行)》，新课程标准旨在培养学生的"创新精神和实践能力"，这要求教师在教学中不仅要传授知识，更要激发学生的探究兴趣和自主学习能力。在实践中，教师可以运用布鲁姆的认知领域分类学，设计不同层次的教学活动，从知识记忆到应用、分析、评价乃至创造，逐步提升学生的学习深度。

在研究新课程标准对教学内容和方法的具体要求时，我们发现新课程标准强调了知识与能力、过程与方法、情感态度与价值观的三维目标，这要求教师在教学设计时必须超越传统的知识传授模式。根据《基础教育课程改革纲要(试行)》的指导，教师应将学生的核心素养培养作为教学的中心任务，而不仅仅是知识的灌输。在实践中，这意味着教师需要设计更多以学生为中心的活动，如项目式学习、探究式学习等，以促进学生的主动学习和批判性思维能力的发展。以项目式学习为例，它要求教师将课程内容与真实世界的问题相结合，让学生在解决实际问题的过程中学习和应用知识。一位科学教师可能会设计一个关于环境保护的项目，让学生研究本地的环境问题，并提出解决方案。通过这样的项目，学生不仅能够学习到科学知识，还能够培养团队合作、问题解决和公共演讲等跨学科能力。这种教学方法的创新，正是新课程标准所倡导的。在教学方法上，新课程标准鼓励教师运用信息技术来丰富教学手段，提高教学效率。在线教育平台和多媒体资源可以为学生提供更加丰富和个性化的学习体验。教师需要不断更新自己的技术应用能力，以适应新课程标准对教学方法的要求。新课程标准对教学内容和方法的具体要求，不仅体现在教学内容的更新和拓展上，更体现在教学方法的创新和多样化上。教师需要深入理解这些要求，并将其融入日常的教学实践中，以培养学生的全面能力，满足"三新"改革背景下的教育目标。

差异化教学策略的核心在于认识到每个学生都是独一无二的个体，拥有不同的学习风格、兴趣和能力水平。教师应设计多样化的教学活动，以适应学生在这些智能领域的不同表现。对于空间智能较强的学生，教师可以利用图表、模型和空间游戏来辅助教学；而对于人际交往智能较强的学生，则可以通过小组讨论和角色扮演来提高学习效果。在实施差异化教学时，教师可以采用布鲁姆的认知领域分类，将教学目标细分为知识、理解、应用、分析、综合和评价六个层次，针对不同层次的学生设计不同的教学活动。对于需要巩固基础知识的学生，教师可以提供更多的重复练习和记忆活动；而对于已经掌握基础知识的学生，则可以提供更高层次的挑战，如案例分析和问题解决任务。通过这种方式，教师能够确保每个学生都能在适合自己的层次上得到提升。此外，差异化教学策略还应考虑学生的个性化学习路径。教师可以利用数据驱动的决策模型，如学生的成绩分析和学习习惯调查，来识别学生的学习需求和偏好。通过这些数据，教师可以为学生量身定制学习计划，提供个性化的反馈和支持。对于那些在特定学科上表现出色的学生，教师可以提供扩展阅读材料和高级项目，以进一步激发他们的兴趣和潜能。而对于那些需要额外帮助的学生，教师可以提供辅导和额外的练习机会，确保他们能够跟上课程进度。差异化教学策略要求教师在"三新"改革的背景下，不断探索和实践，以满足学生多样化的学习需求。通过运用多元智能理论、布鲁姆分类法和数据驱动的决策模型，教师能够为每个学生提供量身定制的学习体验，从而促进学生的全面发展和个性化成长。

在"三新"改革的浪潮中，新评价体系的引入标志着教育评价理念的重大转变。这一评价体系强调多元化和过程性评价，旨在更全面地反映学生的学习过程和能力发展。形成性评价的引入，通过持续的反馈和指导，帮助学生及时调整学习策略，从而促进其深层次学习。研究表明，形成性评价能够提高学生的自我调节学习能力，增强学习动机，从而提升学业成就。与此同时，总结性评价则侧重于对学生学习成果的最终评估，确保教育质量的标准化和一致性。新评价体系的实施，要求教师不仅要关注学生的知识掌握程度，更要关注其批判性思维、创造力和解决问题的能力。在教育教学改革的背景下，青年教师需要掌握并运用形成性评价与总结性评价相结合的策略，以全面评价学生的能力。形成性评价关注学生学习过程中的进步和问题，它通过持续的反馈和指导帮助学生及时调整学习策略，从而促进学生的个性化发展。教师可以利用课堂观察、学生作业、小组讨论和自我评价等多种形式，收集学生学习过程中的数据，以评估学生在某一阶段的学习成效。而总结性评价则侧重于对学生学习成果的最终评估，它通常在学习单元或学期结束时进行，以确定学生是否达到了预定的学习目标。结合这两种评价方式，教师可以更全面地了解学生的学习情况，如通过分析学生在项目式学习中的表现，结合形成性评价中收集的日常表现数据和总结性评价中的最终成果，可以更准确地评价学生的实践能力和知识掌握程度。

二、教研共同体中的沟通与合作技巧

在教研共同体中，基本沟通技巧的培养是构建高效教学团队中不可或缺的一环。有效沟通不仅能够促进知识和经验的共享，还能增强团队成员间的相互了解与信任。根据美国教育心理学家布鲁纳的理论，教师在沟通时应采用"发现学习"的方法，鼓励青年教师主动探索和表达自己的观点，从而提升他们的参与感和创新思维。此外，通过案例分析，我们可以看到，当教师在教研会议中运用积极倾听技巧时，不仅能够更好地理解同事的想法，还能减少误解和冲突的发生。在教研共同体中，非言语沟通扮演着至关重要的角色，它不仅能够补充和强化言语信息，还能在无声中传递情感、态度和文化价值观。肢体语言如点头、微笑或眼神交流，可以表现出教师积极倾听和关注学生的态度，从而增强师生之间的信任和理解。一项研究显示，非言语行为在人际交流中占到65%的比重，这表明非言语沟通在教研活动中的重要性不容忽视。在团队合作中，非言语信号如肢体动作和面部表情，有助于建立团队成员间的默契，促进信息的快速准确传递。团队成员在讨论时通过身体前倾表现出对议题的兴趣和参与度，而交叉双臂可能暗示防御或不接受的态度。此外，非言语沟通在解决团队冲突时也具有独特作用，通过适当的身体距离和面部表情，可以缓和紧张气氛，促进冲突的和平解决。

在教研共同体中，团队合作的基本原则是构建高效教学团队的基石。首先，明确的目标设定是团队合作的首要原则。在教研共同体中，教师们需要共同制定清晰、可衡量的教学目标，这不仅有助于团队成员明确方向，还能增强团队的凝聚力和向心力。某中学的教研团队通过集体讨论，确立了提高学生批判性思维能力的目标，并围绕这一目标设计了一系列的教学活动和评估标准。团队成员之间的相互尊重和信任是合作的润滑剂。在教研共同体中，每位教师都应被赋予发言权和参与决策的机会，这有助于激发团队成员的创造力和责任感。当教师感到自己的意见被重视时，他们更愿意分享自己的教学经验和创新方法，从而提升整个团队的教学效果。团队合作还应遵循开放沟通的原则。有效的沟通能够确保信息的透明流通，减少误解和冲突。在教研活动中，教师们通过参与定期的教研会议和工作坊，分享教学心得和学生反馈，共同探讨教学难题，从而实现知识和经验的共享。一所小学的教师团队通过建立一个在线协作平台，实现了教学资源的实时共享和讨论，极大地提高了团队合作的效率。团队合作还应注重成员间的互助与支持。在面对教育变革和挑战时，教师们需要相互支持，共同成长。在教研共同体中，资深教师可以为青年教师提供指导和帮助，而青年教师的视角和创新思维也能为团队带来活力。通过这种互助合作，教研共同体能够形成一个持续学习和进步的环境，为学生提供更优质的教育体验。

在教研共同体中，青年教师的自我反思与成长是构建高效教学团队不可或缺的一环。通过定期的自我评估和反思，青年教师能够识别自身的教学优势和不足，从而制订有针对性的改进计划。定期的自我反思能够提高教师的教学效能感，进而提升学生的学习成效。青年教师可以采用"反思日志"或"教学案例分析"等方法，记录和分析自己的教学实践，从而在实践中不断进步。此外，青年教师在教研共同体中寻求指导与支持，不仅能够获得宝贵的教学经验，还能通过与资深教师的互动，学习到如何在团队中发挥领导作用，促进个人职业成长。在教研共同体中，青年教师寻求指导与支持是其专业成长和教学能力提升的重要途径。通过积极参与教研活动，青年教师可以与经验丰富的教师建立导师关系，从而获得个性化的指导。新教师在有经验的导师指导下，其教学效能感和学生学习成效均能有所提高。青年教师可以利用教研共同体提供的平台，如定期的教研会议和工作坊，来分享自己的教学经验，同时学习他人的成功案例。此外，利用现代技术，如在线论坛和社交媒体群组，青年教师可以跨越地理限制，与国内外的教育专家进行交流，获得最新的教育理念和教学方法。

三、个人发展规划与学校资源的有效整合

在青年教师的成长之路上，确立清晰的职业目标与愿景是至关重要的第一步。这不仅为教师个人的职业发展提供了方向，也为资源整合和教学实践指明了路径。根据美国教育心理学家斯滕伯格的三元智力理论，教师应识别并发展自己的分析、创造和实践智力，以适应教育领域的多元需求。通过设定具体的职业目标，如成为某一学科领域的专家或在教学方法上进行创新，教师可以更有针对性地规划自己的专业发展路

径。优秀教师通常更具有明确的职业愿景，并且能够将个人兴趣与学校教育目标相结合，从而在教学中取得显著成效。因此，青年教师应通过自我反思和职业规划，确立一个既符合个人兴趣又能够促进学生全面发展的职业目标与愿景。在青年教师的成长之路上，制订短期与长期发展计划是至关重要的。短期计划通常涉及一年内的目标设定，例如提升特定教学技能、完成特定数量的课程设计或参与一定次数的校内外研讨会。长期计划则可能涵盖三到五年的职业发展，如晋升为高级教师、获得专业资格认证或成为学科带头人。以教育家约翰·杜威的名言"教育不是为生活做准备，而是生活本身"为指导，长期计划应与教师的个人愿景和职业目标紧密相连，确保每一步的发展都是为了实现更宏伟的教育理念和职业抱负。通过定期审视和评估这些计划的执行情况，教师可以及时调整策略，确保个人成长与职业发展始终沿着既定的轨迹前进。

在青年教师成长的道路上，识别个人教学风格与优势是至关重要的一步。每位教师都拥有独特的教学方法和风格，这些风格往往与他们的个性、教育背景和教学经验密切相关。根据霍华德·加德纳的多元智能理论，教师可以识别自己在语言、逻辑、空间、音乐、运动、人际、内省和自然等领域的教学优势。通过自我评估，教师可以发现他们在哪些智能领域表现得更为出色，从而在教学中发挥这些优势，设计出更符合学生需求的课程内容。一位擅长语言智能的教师可能会在文学和写作教学中表现出色，能够通过丰富的阅读材料和写作练习激发学生的兴趣。而一位在身体运动智能方面有优势的教师，则可能更倾向于使用角色扮演、模拟游戏等互动性强的教学方法，帮助学生在实践中学习。通过这样的自我评估，教师能够更有针对性地规划自己的职业发展路径，同时也能更有效地整合学校资源，如利用多媒体工具和互动平台，来增强教学效果。教师还可以通过收集学生反馈、同行评价以及自我反思来识别和强化自己的教学优势。在青年教师成长的道路上，分析个人专业技能的提升空间是至关重要的一步。教师的专业技能不仅包括教学能力，还涵盖了课程设计、学生评估、教育研究以及使用现代教育技术等多个方面。根据美国教育统计中心的数据，教师在课堂管理技能上的提升可以显著提高学生的学习成效。因此，教师应定期进行自我评估，认识到在课堂管理、学生互动，以及教学内容创新等方面的具体提升点。在这一过程中，教师可以运用 SWOT 分析模型来识别自身的优势、劣势。例如，一位教师可能在使用多媒体教学工具方面具有优势，但在课程设计上存在不足。通过这样的分析，教师可以更有针对性地制订提升计划，以弥补不足。

在青年教师成长之路上，探索多样化的教学方法是实现教育创新和提升教学质量的关键。采用项目式学习可以激发学生的主动性和创造力，通过解决实际问题来加深学生对知识的理解。这种方法能够提高学生的批判性思维能力和团队合作能力。此外，翻转课堂模式的引入，让学生在课前通过视频和在线材料自主学习，课堂时间则用于讨论、实践和深化理解，这种模式已被证明能有效提升学生的学习成效。在青年教师成长的道路上，整合课程内容与现代教育技术是提升教学质量和效率的关键。随着科技的飞速发展，教育技术已经从传统的黑板和粉笔转变为互动白板、在线学习平台和虚拟现实等多样化工具。青年教师应积极掌握这些现代教育技术，将它们融入课程设计中，以实现教学内容的创新和优化。数据分析在教育领域也扮演着越来越重要的角色。通过收集和分析学生的学习数据，教师可以更好地了解学生的学习进度和难点，从而提供个性化的教学支持。利用学习管理系统中的数据分析工具，教师可以追踪学生的在线活动，识别出哪些学生需要额外的帮助，哪些概念需要进一步的解释。通过精确的数据分析，教师能够更精准地调整教学策略，实现教学的精准化和个性化。青年教师还应不断探索和实践新的教学方法，如翻转课堂、项目式学习等，这些方法能鼓励学生主动学习，培养批判性思维和解决问题的能力。结合现代教育技术，如在线视频、协作工具和模拟软件，可以极大地丰富教学手段，使课程内容更加生动。通过使用虚拟现实技术，学生可以进行虚拟的化学实验，不仅安全而且成本低廉，极大地扩展了教学的可能性。

　　在青年教师的成长之路上，了解并充分利用学校提供的专业发展资源是至关重要的。学校作为教育的主阵地，不仅提供基础的教学设施，还应为教师的专业成长提供丰富的资源。某知名高校为教师提供了包括在线课程、研讨会、工作坊在内的多样化学习平台，每年参与这些活动的教师人数超过 500 人次，有效提升了教师的教学能力和研究水平。此外，学校还应建立教师专业发展档案，记录教师参与各类培训和研讨会的情况，以数据驱动的方式促进教师的持续成长。教师也应将所学知识转化为教学实践，通过案例分析、教学反思等方式，不断优化教学方法，提高课堂效率。同时，学校应鼓励教师参与跨学科的交流与合作，通过建立教师专业社群，促进知识共享和经验交流，从而实现教师个人与学校教育质量的共同提升。在青年教师的成长之路上，利用学校提供的先进设施与教学工具是优化教学实践的关键一环。交互式白板的引入不仅能改变传统的授课模式，还能促进学生参与度的提升。此外，利用学校提供的在线学习平台，教师可以创建个性化的学习路径，通过数据分析工具来了解学生的学习进度，及时调整教学策略。

　　在青年教师成长之路上，提升课堂管理与学生互动技巧是实现有效教学的关键。课堂管理不仅关乎秩序的维护，更是创造积极学习环境的基石。根据霍桑效应，当学生感觉到自己被关注时，他们的行为和表现会有所改善。因此，教师应通过定期的点名、眼神交流和适时的表扬来增强学生的参与感和归属感。此外，采用案例教学法可以激发学生的批判性思维，通过分析真实或模拟的案例，学生能够将理论知识与实际问题相结合，从而提高课堂互动的质量。在课堂管理方面，教师可以运用"积极行为支持"（Positive Behavioral Interventions and Supports）模型，通过明确的规则、一致的期望和积极的反馈来预防问题行为的发生，同时也能鼓励学生的积极行为。通过这些策略的综合运用，青年教师不仅能够提升自己的课堂管理能力，还能有效促进与学生的互动，为学生的全面发展奠定坚实基础。在青年教师的成长之路上，利用反馈机制促进教学改进是实现持续专业成长的关键环节。通过收集信息和分析学生、同行情况以及自我反馈，教师能够对教学情况有进一步了解，对教学方法和课程内容进行针对性的调整。此外，利用数据分析模型，如教学反馈循环模型（Teaching Feedback Loop Model），教师可以系统地识别教学中的强项和弱点，进而制定出更加精准的改进措施。

在青年教师的成长之路上，加入教育专业组织与社群是拓展职业网络与合作机会的重要途径。通过参与这些组织，教师不仅能够接触到教育领域的最新动态和研究成果，还能与同行建立联系，分享经验，共同探讨教学难题。这些社群通常提供丰富的资源，包括研讨会、工作坊和进修课程，帮助教师持续学习与专业成长。此外，通过参与这些社群，教师可以了解并应用如布鲁姆分类法等教育模型，以提升教学设计的深度和广度。同时，寻求校内外的合作与交流机会是推动个人专业发展和资源整合的重要途径。通过与校内其他教师的合作，可以实现知识与经验的共享，促进教学方法的创新。根据一项针对教师合作的研究，教师通过协作教学能够显著提高学生的学习成效和课堂参与度。此外，参与校际交流项目，如教师互访、学术研讨会等，不仅能够拓宽视野，还能建立起跨校的教育网络，为教师提供更多的职业发展机会。

在青年教师的成长之路上，制订个人学习计划与时间管理是实现职业目标的关键。有效的时间管理不仅能够帮助教师合理分配工作与学习的时间，还能确保持续的专业成长。采用"时间块"技术，将一天划分为多个固定的时间段，每个时间段专注于特定的任务，如备课、批改作业、参与研讨会等，可以显著提高工作效率。此外，根据 SMART 原则来设定学习目标，例如每周阅读至少两篇教育领域的最新研究论文，并在月底前完成一篇关于教学方法的反思报告，可以确保学习计划的可执行性与目标的明确性。参与研讨会、工作坊和进修课程是实现个人发展规划和资源整合的重要途径。通过这些专业发展的机会，教师不仅能够接触到最新的教育理念和教学技术，还能与同行交流经验，拓宽视野。参与定期的研讨会能够显著提高教师的教学效能感和职业满意度。工作坊则提供了一个实践操作的平台，让教师能够通过案例分析、角色扮演等互动形式，深入理解并应用新的教学方法。进修课程则为教师提供了系统学习的机会，帮助他们构建更为全面的知识体系。

在青年教师的成长之路上，定期审视与评估个人发展进度是确保职业规划有效实施的关键环节。通过设定明确的时间节点，例如每学期或每年，教师可以利用 SWOT 分析模型来评估自己的教学实践和专业成长。一位教师可能发现，在过去一年中，他在课堂管理方面取得了显著进步，学生满意度提高了 15%，但同时也意识到在课程内容创新方面还有待加强。根据这样的评估结果，教师可以调整自己的短期和长期发展计划，比如参加更多关于课程设计的工作坊，或者与经验丰富的同事进行教学观摩和交流。在青年教师的成长之路上，根据反馈调整个人职业规划策略是至关重要的环节。这不仅要求教师具备自我反思的能力，还需要他们能够灵活运用数据和案例分析来优化自己的发展路径。通过收集和分析学生的学习成果数据，教师可以评估教学方法的有效性，并据此调整教学策略。此外，案例研究可以提供实际情境下的教学解决方案，帮助教师在面对具体问题时作出更明智的决策。

四、利用共生教研实现教学创新的方法

在共生教研的框架下，教师团队协作的构建是推动教学创新的关键。通过团队合作，教师们能够共享资源、知识和经验，从而提升教学质量和效率。共生教研鼓励教师采用"教学研究共同体"的模式，通过定期的研讨会和工作坊，促进教师之间的深入交流和专业成长。在共生教研的框架下，提升学生参与度是实现教学创新的关键。通过构建以学生为中心的教学模式，可以有效激发学生的主动性和创造性。采用项目式学习方法，学生在完成具体项目的过程中，不仅能够将理论知识与实践相结合，还能培养团队合作和问题解决能力。此外，探究式学习的融入也至关重要，它鼓励学生提出问题、探索答案，并通过实验和研究来验证假设。这种学习方式能够让学生在学习过程中扮演更加积极的角色，从而提高他们的学习兴趣和参与度。

在共生教研的框架下，项目式学习作为一种创新的教学方法，其应用不仅能够促进学生主动学习和深入探究，而且能够加强教师之间的协

作与知识共享。PBL的核心在于通过真实世界的问题解决来驱动学习，学生在这一过程中能够获得跨学科的知识和技能。在共生教研的实践中，教师团队可以设计与社区、企业或科研机构合作的项目，让学生在解决实际问题的过程中，体验知识的应用和创新的重要性。通过这种模式，学生不仅能够学习到理论知识，更能培养出解决复杂问题的能力，为未来的学习和职业生涯规划打下坚实的基础。探究式学习与共生教研的融合，为教育创新提供了新的视角和实践路径。在共生教研的框架下，探究式学习不再是一种孤立的教学方法，而是成为教师团队协作和学生参与度提升的重要组成部分。通过构建以学生为中心的探究项目，教师可以引导学生主动探索问题，从而培养学生的批判性思维和解决问题的能力。教育共生理论认为，教育过程中的个体和集体应当相互依存、共同成长，而探究式学习正是这一理论在实践中的体现。通过案例分析，我们可以看到，当探究式学习与共生教研相结合时，不仅能够促进学生深入理解学科知识，还能激发教师之间的协作精神，共同为学生创造更加丰富和多元的学习环境。

共生教研作为一种创新的教学模式，已在国内外多个教育实践中展现出其独特的优势。在芬兰，共生教研被广泛应用于教师专业发展，通过教师之间的协作与共享，实现了教学资源的最大化利用和教育质量的显著提升。在美国，一些学校通过实施"教师研究小组"模式，鼓励教师在教学实践中进行合作研究，这种模式不仅增强了教师之间的交流，还促进了教学方法的创新和学生学习效果的改善。在日本，"学习共同体"项目是一个典型的共生教研案例。该项目通过建立教师、学生、家长以及社区成员之间的合作关系，共同参与学校教育活动，从而促进了教育的全面进步。根据日本文部科学省的数据，参与"学习共同体"项目的学校在学生的学习成绩和社交能力方面都有显著提高。共生教研的成功案例不仅体现在提高教学效果上，还在于其对教育公平的促进作用。中国的"城乡教育一体化"项目，通过城乡学校之间的资源共享和教师交流，有效缩小了城乡教育差距。在这一过程中，共生教研成为连接城乡教育的桥梁，使得优质教育资源得以在更广泛的范围内传播和利用。这些案例表明，共生教研不仅能够促进教师专业成长，还能激发学生的学习热情，提高教育质量，并最终推动教育公平。正如教育家约翰·杜威所言："教育不是为生活做准备，而是生活本身。"共生教研正是通过其独特的合作与共享机制，让教育成为一种持续的、富有生命力的过程。共生教研模式的实施，为教学创新提供了新的视角和实践路径。以国内外成功案例为鉴，共生教研通过促进教师间的深度合作与学生参与度的提升，有效推动了教学方法的革新。某校通过实施共生教研，教师团队协作构建了跨学科的教学小组，这些小组不仅在课程设计上实现了知识的交叉融合，而且在教学实践中也鼓励学生进行项目式学习。

随着教育技术的飞速发展，共生教研的未来前景显得尤为光明。教育技术的应用不仅能够促进教师团队协作的深化，还能显著提升学生的学习参与度。利用大数据分析，教师可以更精准地了解学生的学习习惯和需求，从而设计出更加个性化的教学方案。根据相关报道，有学校通过引入智能教学系统，实现了学生学习效率的提升，平均成绩提高了15%。此外，虚拟现实和增强现实技术的应用，为项目式学习和探究式学习提供了全新的平台，学生可以在虚拟环境中进行沉浸式学习，这不仅激发了学生的学习兴趣，也加深了他们对知识的理解和应用。共生教研的未来展望预示着教育模式将发生深刻变革，它将推动教育从传统的知识传授向更加注重学生能力培养和创新思维的方向转变。随着教育技术的不断进步，如人工智能、大数据分析和虚拟现实等技术的应用，共生教研将能够为学生提供更加个性化和互动性的学习体验。通过智能教学系统，教师能够实时跟踪学生的学习进度和理解程度，从而调整教学策略，实现真正的因材施教。此外，共生教研鼓励教师团队之间的协作，通过集体智慧来设计课程和教学活动，这不仅能够提升教学质量，还能够促进教师专业成长。案例分析显示，那些实施了共生教研的学校，其教师团队的协作能力显著增强，学生的学习成绩也得到提升。

五、提升专业素养与教学能力的持续学习策略

在教育领域，专业素养是教师职业发展的基石，它不仅关乎教师个人的学术和道德标准，更是影响教育质量和学生发展的关键因素。专业素养的高低直接决定了教师能否有效地传授知识、培养学生的批判性思维和创新能力。相关研究表明，教师的专业素养与学生的学业成绩之间存在着显著的正相关关系。教师通过不断学习和实践，能够更好地理解学生的需求，设计出符合学生发展规律的教学活动，从而提升教育的整体效果。教学能力是教师专业素养的核心组成部分，直接影响教育质量的高低。根据霍姆斯小组的研究，教师的教学能力包括了课堂管理、课程设计、学生评估和专业成长等方面。教师的教学能力与学生的学习成就之间存在显著的正相关关系。具体而言，教师如果能够有效地运用多样化的教学方法，如合作学习、项目式学习等，能够显著提高学生的参与度和学习动机，从而提升教育质量。约翰·杜威曾提出"学习通过

做"，强调了实践在教学中的重要性。在实践中，教师通过教学反思，不断调整和优化教学策略，能够更好地满足学生的学习需求，促进学生全面发展。此外，教师通过同行交流，可以借鉴其他教师的成功经验，探讨教学中存在的挑战，从而提升整个教育系统的教学质量。

在教育领域，持续学习不仅是教师专业素养提升的必经之路，更是确保教学质量和学生学习成效的关键。持续学习使教师能够不断更新知识体系，掌握最新的教育理念和教学方法，从而在教学实践中更有效地激发学生的学习兴趣和潜能。此外，持续学习还能够帮助教师应对教育领域的快速变化，如技术进步和课程改革，确保教师能够灵活适应教学需求并引导学生适应未来社会发展的需求。持续学习还是其职业发展的关键驱动力。教师通过不断学习新的教学方法、教育技术和学科知识，能够显著提高教学质量，进而促进学生的学习成绩的提升。

在教育领域，专业素养与教学能力的提升是教师职业发展的核心。短期目标的设定应聚焦于具体技能的掌握和教学方法的改进，通过参加工作坊或在线课程，教师可以在一个学期内掌握新的课堂管理技巧或学习评估工具。长期目标则更注重于职业成长和教育理念的深化，比如，一名教师可能计划在五年内成为其学科领域的领导者，这可能需要系统地学习教育理论，参与教育研究，或在专业社群中积极分享经验。根据布鲁姆的教育目标分类法，教师可以设定从知识掌握到评价能力的全面提升的教学目标，以此来确保教学目标的全面性和层次性。在教育领域，教学能力的提升是教师专业成长的核心。为了实现这一目标，教师需要设定具体、可衡量、可达成、相关性强和有时限性的 SMART 目标。一个教师可以设定在接下来的学期中，通过参加至少两次教育研讨会或工作坊来提高课堂管理技巧。根据布鲁姆的教育目标分类法，教师可以进一步细化目标，比如在知识层面掌握新的教学理论，在技能层面提高使用教育技术的能力，在情感层面增强与学生的互动和沟通。通过这样的目标设定，教师能够有方向地提升自己的教学实践，从而提高教育质量。

在当今数字化时代，探索和利用在线教育资源已成为教师提升专业素养与教学能力的重要途径。大规模开放在线课程如 Coursera 和 edX，提供了来自世界各地顶尖大学的课程，教师可以借此机会学习最新的教育理论和实践。此外，教师可以通过参与在线研讨会、网络研讨会和虚拟工作坊，与全球教育工作者交流经验，从而拓宽视野，增强教学方法的多样性。通过这些在线资源，教师不仅能够获取最新的教育资讯，还能通过互动和协作学习，提高自身的教学技能和专业素养。在教育领域，专业书籍和期刊是教师持续学习和提升教学能力的重要资源。通过阅读这些出版物，教师能够接触到最新的教育理论、研究成果以及教学实践案例。根据《教育研究杂志》的一项研究，定期阅读专业期刊的教师在教学方法创新和学生学习成效上表现出显著的优势。此外，专业书籍如《教学的勇气》和《如何学习》等，为教师教学提供了深入的理论分析和实用的指导建议，帮助教师在专业素养和教学能力上实现质的飞跃。利用这些资源，教师可以构建起自己的知识体系，不断更新教育理念，从而在教学实践中更加得心应手。

教学反思是提升教学实践水平的关键策略之一。通过定期的自我评估和反思，教师能够识别教学过程中的不足之处，并据此调整教学方法和策略。一项针对教师自我反思的研究表明，那些经常进行教学反思的教师，在学生的学习成效上往往有显著的提升。他们通过记录课堂观察、学生反馈以及个人教学感受，能够更深入地理解教学活动中的动态变化。教师可以系统地分析教学情境，识别问题，提出假设，实施解决方案，并最终评估这些解决方案的有效性。这种循环往复的过程不仅增强了教师的专业素养，也促进了教学能力的持续提升。在教育领域，同行交流是提升教学能力的重要途径之一。通过与同事的互动，教师能够分享各自的教学经验、策略和创新方法，从而实现知识和技能的共同提升。相关研究显示，定期参与同行评议和教学研讨的教师，在教学效果上往往比那些孤立工作的教师有显著提高。这种交流不局限于面对面的讨论，也可以通过网络平台进行，如教师论坛、社交媒体群组和专业学习社区。在这些平台上，教师可以讨论最新的教育趋势、分享课堂管理技巧，甚至共同开发课程资源。

定期评估学习进度和效果是确保教师专业素养与教学能力提升的关键环节。通过设定明确的评估标准和周期，教师可以量化自己的学习成果，通过学生的学习成绩、课堂参与度以及调查反馈来衡量教学方法的改进效果。根据布鲁姆的教育目标分类法，教师可以评估学生在认知、情感和动作技能三个维度上的进步，从而全面了解教学策略的有效性。此外，采用 SWOT 分析模型可以帮助教师识别个人在教学实践中的优势和需要改进的地方，从而更有针对性地调整学习计划。评估学习进度和效果是至关重要的环节。通过定期的自我评估，教师可以收集关于自己教学实践的数据，例如学生的学习成果、课堂参与度以及反馈调查结果。这些数据不仅提供了量化的学习成效，还能揭示教学方法的优劣。教师通过实施项目式学习，学生的参与度和成绩都有显著提升。此外，教师可以利用 SWOT 分析模型来评估自身在教学上的表现，从而更清晰地识别需要改进的领域。

探索新的教学方法和技巧是提升专业素养与教学能力的关键。随着教育技术的不断进步，教师们需要不断更新自己的教学策略，以适应快速变化的教育环境。翻转课堂模式的引入，让学生在课前通过视频和在线材料自主学习，课堂时间则用于讨论、实践和深化理解，这一模式已被多项研究证明能有效提升学生的参与度和学习成效。根据一项由伯克利大学进行的研究，翻转课堂模式下的学生在标准化测试中的成绩平均提高了10%。此外，项目式学习也逐渐成为教师们青睐的教学方法，它鼓励学生通过解决实际问题来学习知识，从而培养学生的批判性思维和问题解决能力。PBL的实施需要教师精心设计项目，确保项目与课程目标紧密相连，并提供持续的指导和支持。在当今教育领域，整合现代教育技术已成为提升教学效果的关键途径。随着信息技术的飞速发展，教育技术的应用不仅改变了传统的教学模式，也为教师的专业素养和教学能力的提升提供了新的平台。利用多媒体和互动白板技术，教师可以创造更加生动和互动的学习环境，从而提高学生的参与度和学习兴趣。此外，通过在线学习管理系统，教师能够实现个性化教学，根据学生的学习进度和理解程度提供定制化的教学资源和反馈。这种技术的运用不仅提升了教学效率，也促进了学生自主学习能力的发展。

在当今教育领域，教师的专业素养与教学能力的提升已成为教育质量提升的关键。加入或创建教师学习社群，为教师提供了一个共享知识、交流经验、共同成长的平台。根据一项针对教师专业发展的研究，那些积极参与教师社群的教师在教学方法和学生学习成果上都有显著的提升。社群中的教师通过定期的研讨会、工作坊和网络论坛，能够及时了解最新的教育理念和教学技术，从而不断更新自己的教学策略。此外，社群内的合作项目和案例研究，如"教师专业学习社群模型"，能够帮助教师在实践中应用新知识，解决实际教学中的问题。通过这样的社群活动，教师不仅能够获得专业成长，还能在相互支持和鼓励中找到职业发展的动力，有效应对职业倦怠和学习动力下降的挑战。此外，通过社群交流促进知识共享，不仅能够帮助教师们相互学习、共同进步，还能激发创新思维，提高教学实践的效率和效果。社群中的教师能够通过分享各自的教学经验、教案设计和学生反馈，形成一个互助合作的网络。这种网络不仅促进了知识的传播，还增强了教师之间的信任和归属感。

在教育领域，教师的专业素养与教学能力是提升教育质量的关键。然而，教师往往难以平衡教学、研究和个人发展。根据一项针对教师时间分配的研究，平均而言，教师每周需要花费超过 40 小时在教学准备、课堂授课以及学生评估上。这种高强度的工作负荷使得教师在规划个人专业发展时，常常感到时间不足。为了应对这一挑战，教师可以采用"时间块"管理法，将工作日划分为多个时间块，每个时间块专注于特定任务，从而提高工作效率。利用早晨的"黄金时间"进行教学设计，而下午则安排与同行的交流或参与专业社群活动。此外，教师可以借鉴彼得·德鲁克的"时间管理矩阵"，区分任务的紧急性与重要性，优先处理那些对提升专业素养和教学能力有长远影响的活动。通过这样的策略，教师不仅能够更有效地管理时间，还能确保持续学习和专业成长不被日常琐事所淹没。教师面临的压力往往容易导致其职业倦怠，进而影响到持续学习的动力。根据美国心理学会的研究，教师是职业倦怠的高发群体，约有 30% 至 40% 的教师在职业生涯中会经历严重的倦怠感。这种倦怠不仅影响教师的个人福祉，还会降低教学质量，阻碍专业成长。为了应对这一挑战，教师需要采取有效的策略来重燃学习的热情。通过设定具体且可实现的短期目标，教师可以体验到达成目标的成就感，从而激发其进一步学习的动力。此外，引入"成长心态"概念，即相信自己的能力是可以通过努力而提升的，可以帮助教师在面对困难和挑战时保持积极态度。

六、教师个人发展与学校支持体系的构建

在构建未来教育生态的过程中，青年教师对学校支持体系的具体需求显得尤为关键。首先，青年教师普遍面临职业起步阶段的挑战，他们需要明确的职业发展路径和阶梯式成长机会。根据一项针对新入职教师的调查，超过60%的受访者表示，缺乏清晰的职业晋升规划是他们感到焦虑的主要原因。因此，学校支持体系应设计出一套包含短期和长期目标的教师职业发展规划，帮助青年教师明确自己的职业方向和成长目标。青年教师在专业技能提升方面的需求同样迫切。他们需要系统的培训和持续的学习机会，以适应快速变化的教育环境。引入现代教育技术的培训，如智能教学工具和在线课程设计，能够显著提高青年教师的教学效率和学生的学习体验。此外，案例分析和教学模拟等实践性培训，能够帮助青年教师在实际教学中更好地应用理论知识。在激励与评价机制方面，青年教师期望得到公正和透明的评价体系，以及与之相匹配的激励措施。因此，评价体系应超越传统的考核标准，更多地关注教师的创新能力和学生的全面发展。激励措施则应包括物质奖励和精神鼓励，如提供研究经费、教学创新奖励以及职业发展指导等。青年教师需要一个开放的平台，以促进校内外的交流与合作。通过建立教师继续教育和研究的平台，以及推广教师参与学术交流和研究的机会，青年教师可以

拓宽视野，与同行分享经验，共同推动教育创新。

青年教师作为教育创新的生力军，他们的成长不仅关系到个人职业前景，更是学校可持续发展的关键。根据美国教育学家霍姆斯小组的研究，教师专业成长的路径应当包括初入职期、成长期、成熟期和专家期四个阶段。在这一框架下，学校应为青年教师提供明确的职业发展阶梯，通过设定阶段性目标和评估标准，教师能够清晰地看到自己的成长轨迹。某校实施了"教师成长护照"项目，通过记录教师参与培训、教学反思、学生反馈等多维度数据，帮助教师系统地规划和评估自己的职业发展。在构建未来教育生态的进程中，青年教师的专业技能提升是关键一环。引入数据驱动的教学分析模型，如"教学效能评估模型"，可以对教师的教学效果进行量化分析，从而为教师提供针对性的反馈和改进建议。一项针对数学教师的研究显示，通过使用该模型，教师能够识别出教学中的薄弱环节，并通过定制化的专业发展计划，显著提高了学生的数学成绩。此外，案例教学法的运用，能够将理论与实践相结合，通过分析其他学校或教师的成功案例，青年教师可以学习到如何在实际教学中应用新策略，解决实际问题。

首先，在构建未来教育生态的过程中，评估教学资源对青年教师成长的影响显得尤为重要。教学资源的丰富程度直接关系到教师能否有效地进行教学设计和创新。一项针对美国教育的研究表明，教师在拥有高质量教学材料和充足技术资源的学校中，其教学效果和学生的学习成果均显著提高。这不仅体现在学生考试成绩的提升上，还反映在学生批判性思维和解决问题能力的增强上。因此，为青年教师提供充足的教学资源，如多媒体教学工具、互动式学习平台和丰富的图书资料，是促进其专业成长和教学创新的关键因素。此外，通过案例分析，我们还可以看到，那些能够了解到最新教育研究方向和教学方法的教师，更有可能在课堂上实施创新教学策略，从而提高学生的学习动机和参与度。因此，学校支持体系应当重视对教学资源的投入和优化，以确保青年教师能够充分利用这些资源，促进个人专业成长，进而推动整个教育生态的发展。应从物理环境着手，确保教室、实验室等教学场所的现代化与智能化。引入智能黑板和互动式学习设备，可以提高教学互动性和学生参与度。其次，心理环境的优化也不容忽视。学校应通过建立积极的校园文化，鼓励教师之间的合作与交流，从而营造一个包容的教学氛围。此外，应用霍尔的"文化圈"理论，学校可以识别并强化那些促进教师专业成长和学生学习的文化元素。最后，通过定期收集教师和学生的反馈，持续监测和评估教学环境的改善效果，确保教学环境的优化与青年教师的需求和学校的发展目标保持一致。

在构建未来教育生态的过程中，设计有效的教师激励措施是促进青年教师个人成长与学校支持体系协同发展的关键。激励措施应当基于对教师需求的深入理解，结合教育心理学和管理学的理论，如马斯洛的需求层次理论和赫茨伯格的双因素理论，来设计。通过提供有竞争力的薪酬和福利，满足教师的基本经济需求，同时，通过职业发展机会和专业成长路径的规划，激发教师的自我实现需求。此外，学校可以实施定期的教师绩效评估，将教师的个人成就与学校的教育目标相结合，确保激励措施与教师的长期职业规划相一致。案例研究显示，那些实施了个性化激励计划的学校，其教师的满意度和教学效果均有显著提升。因此，通过数据驱动的决策和持续的反馈机制，学校能够为青年教师提供一个既公平又充满挑战的工作环境，从而促进教师的个人成长和整个教育生态的繁荣。构建公正的教师评价体系的关键在于确保评价过程的透明度和多元性，以促进青年教师的个人成长与学校支持体系的协同发展。评价体系应基于教师的教学效果、学生的学习进步、同行评议以及社区反馈等多维度数据。全面的反馈机制，不仅包括学生评价，还应涵盖同事、学校管理层以及外部专家的评价，以形成全面的评价结果。此外，评价标准应与教师个人发展目标相结合，鼓励教师在专业技能、教学创新和社区参与等方面取得进步。

在构建未来教育生态的宏伟蓝图中，创建教师继续教育和研究的平台是青年教师个人成长与学校支持体系协同发展的关键一环。因此，搭建一个综合性的继续教育平台，不仅能够促进青年教师的专业技能提升，还能激发其创新潜能，进而推动教育创新。引入在线学习管理系统，可以为教师提供灵活的学习时间和丰富的课程资源，从而克服时间和空间的限制。此外，平台应鼓励教师参与学术交流和研究，如定期举办教育研讨会、工作坊和研究小组，以促进知识分享和经验交流。学术交流不仅能够拓宽教师的视野，还能促进知识的更新和教学方法的创新。此外，通过与国内外同行的交流，教师能够获取最新的教育理念和研究成果，从而在个人专业成长的阶梯上更进一步。学校应积极构建平台，如定期举办研讨会、工作坊和研究小组，鼓励教师分享自己的研究成果，并与学术界建立联系。

在构建未来教育生态的进程中，校际合作已成为推动青年教师个人成长与学校支持体系协同发展的重要途径。通过校际合作，教师们能够跨越单一学校的界限，共享优质教育资源，实现知识与经验的交流。国际教师发展协会提倡的教师交流项目，让教师有机会到其他学校或国家进行短期教学和研究，这种跨文化的教育体验能够极大地拓宽教师的视野，激发创新思维。通过这种合作，教师们能够接触到不同的教育体系

和教学文化，从而在比较和反思中深化对教育本质的理解。校际合作的
另一个显著优势在于，它能够为教师提供更多的职业发展机会。一些学
校联合开展的教师培训项目，不仅为教师提供了专业发展的课程，还为
他们提供了成为培训师或课程设计者的可能性。这种角色的转变，不仅
增强了教师的自我效能感，也为他们未来的职业生涯规划提供了更多可
能性。与企业、社区的合作，不仅能够为青年教师提供实践的平台，还
能拓宽他们的视野，促进理论与实践相结合。通过校企合作项目，教师
可以参与到企业实际问题的解决中，从而获得宝贵的工作经验。此外，
社区合作则能够帮助教师了解社会需求，增强社会责任感。通过社区服
务项目，教师能够将课堂知识应用于解决社区问题，如参与社区教育计
划、健康促进活动等，这不仅丰富了教学内容，也提升了教师的社会影
响力。正如约翰·杜威所言，教育不仅是为生活做准备，教育本身就是
生活。通过与企业、社区的紧密合作，青年教师能够实现个人价值，同
时为学校教育质量的提升和社区的可持续发展作出贡献。

第七章

共生教研的未来展望

一、青年教师在教育改革中的作用

在教育改革的宏大叙事中，青年教师无疑是推动教育创新与发展的关键力量。他们犹如灵动的画笔，为传统教育注入了鲜活的色彩与创新的动力。

青年教师对新教学方法和技术的高度接纳与积极应用，成为教育革新的重要引擎。调查显示，超70%的青年教师热衷于在课堂中运用互动白板、数字绘画软件及在线协作平台等现代工具，这显著提升了学生的参与热情与学习效果。在数字绘画课程中，借助专业软件，学生能轻松尝试多样的绘画风格与技巧，打破传统绘画工具的局限，极大地拓展了创作空间，使课堂充满创意与惊喜。他们不仅是新教学技术的践行者，更是先进教育理念的传播者。以学生为中心的教学理念在青年教师的课堂中得以充分彰显，项目式学习、翻转课堂等新型教学模式成为他们激发学生创造力与批判性思维的有力武器。在项目式学习中，学生围绕"城市公共艺术设计"展开深入探究，从实地考察、文化调研到创意构思、方案设计，全程深度参与，在此过程中，学生的艺术创新能力、团队协作精神以及解决实际问题的能力都得到了全方位的锻炼与提升，为成为适应未来社会需求的创新型人才奠定了坚实基础。

然而，青年教师在前行的道路上也会面临诸多困境。教学经验的相对匮乏与资源支持的不足，犹如巨石横亘在他们的创新之路上。但学校支持体系的构建与完善，为他们的成长提供了肥沃的土壤。专业发展培训助力他们不断汲取知识养分，教学资源的优化为教学活动提供了丰富素材，激励与评价机制的健全则成为他们持续奋进的强大动力。在这一良好的生态环境中，青年教师得以茁壮成长，持续为教育改革注入创新活力，引领美术教育朝着更加优质、多元的方向发展。

二、共生教研的长远影响与展望

共生教研在教育领域的持续推进，正逐步勾勒出一幅更加公平、高效、创新的教育新画卷。其打破了地域与学校的藩篱，构建起一座资源共享的桥梁，让优质教育资源如灵动的溪流，润泽每一位学生的心田。通过网络平台，偏远地区的学生得以跨越时空，领略世界各地的艺术瑰宝，欣赏经典绘画作品、观摩艺术创作过程，接触到前沿的美术教育理念与方法，教育公平从梦想照进现实。

教师间的深度合作与交流，是共生教研的核心驱动力。通过定期举办的研讨会、工作坊及网络研修活动，教师们进行思维碰撞、经验交融，不断更新教育理念、提升教学技能，精准把握教育变革的脉搏，为学生量身定制个性化的学习路径，满足学生日益多样化的学习需求。

学校间的紧密合作，有力地推动了教育的均衡发展。共同开发特色课程，如地方民间美术课程，将本土文化与艺术创作深度融合；联合举办学术活动，如艺术教育论坛、师生作品展览等，营造浓厚的艺术氛围，拓宽师生的艺术视野，促进教育资源的均衡配置与优化整合。

共生教研还是创新的孵化器，孕育出翻转课堂、项目式学习等一系列创新教学模式。在项目式学习中，学生成为艺术创作的主角，积极投身于"校园艺术文化节策划"等项目，从创意构思、作品创作到活动组织、宣传推广，全程主导，充分激发了学生的学习兴趣与创新潜能，有效提升了学生的艺术综合素养与实践能力。

在教育信息化的浪潮中，共生教研借助互联网、大数据、人工智能等前沿技术，实现了教学方法的智能化升级与个性化定制。智能教学系统能根据学生的学习数据，精准推送个性化的学习资源与指导建议，为每个学生打造专属的学习方案，使教育教学活动更加精准、高效。

更为重要的是，共生教研构建起一个开放、共享、包容的教育生态环境，吸引了教育者、学习者、家长及社会各界人士的广泛参与。各方力量汇聚一堂，共同为教育的发展建言献策、添砖加瓦，为教育的可持续发展注入源源不断的活力与动力，推动教育在创新发展的道路上不断前行，迈向更加辉煌的未来。

参考文献

［1］彭斌. 从指导帮助到协同共生：集团化办学背景下教研模式的重构与实践［J］. 教育导刊，2024，（10）：71-79.

［2］尹平，杨志义，黄杰昌，等. 以三新一典型培养具备职业特质的一体化教师实践研究［J］. 中国教育技术装备，2024，（13）：14-18.

［3］苏秀霞."三新"背景下高中英语"三思"课堂教学模式［J］. 甘肃教育研究，2024，（09）：106-108.

［4］孔凡会，钱明扬，曾素林. 共生理论视阈下城乡教研共同体的运行机制与推进路径［J］. 现代教育，2023，（07）：25-30.

［5］沈晓敏. 共生理论视角下区域教师发展共同体的镇海实践——以小学语文教研共生体为例［J］. 中小学校长，2023，（05）：13-17.

［6］王惠娟. 共生理论视角下中小学校本教研问题及对策研究［J］. 河南教育学院学报(哲学社会科学版)，2023，42(02)：27-30.

［7］江明菊，宋崔，宋文君. 共生课堂：区域教研转型发展的路径选择与实践策略［J］. 基础教育课程，2022，（21）：56-62.

［8］何倩，吉学秀. 共生理论视角下区域教研共同体运行的困境与出路［J］. 教育评论，2022，（05）：138-143.

［9］蔡海涛，陈柳娟，黄勇，郑达艺. 基于"学习坊+沉浸式"培训

模式的探索与实践——以高中"三新"能力提升培训(数学莆田班)实施为例[J].福建教育学院学报，2024，25(04)：101-103.

[10]龙海，张亮，喻华明，周恒.新技术支撑下高职院校高效课堂构建策略研究[J].现代职业教育，2020，(24)：1-3.

[11]杨亮.思政课县域教研共生模式的建构[J].思想政治课教学，2020，(02)：83-85.

[12]赵敏，蔺海沣.校本教研共同体建构：从"共存"走向"共生"[J].教育研究，2016，37(12)：112-119.

[13]邵俊峰.共生理念下中学跨学科教研基地的创设[J].中小学教师培训，2016，(06)：23-25.

[14]刘超.美术教育理念与教学方法研究[M].北京：中国书籍出版社，2024.

[15]晁静.基于新媒体的美术教育教学研究[M].长春：吉林美术出版社，2018.